中华人民共和国
反不正当竞争法
学习问答

法规应用研究中心 ◎ 编著

中国法治出版社
CHINA LEGAL PUBLISHING HOUSE

出版说明

2025年6月27日,第十四届全国人民代表大会常务委员会第十六次会议修订通过了《中华人民共和国反不正当竞争法》(以下简称《反不正当竞争法》),修订后的《反不正当竞争法》共5章41条,自2025年10月15日起施行。《反不正当竞争法》是我国首部促进公平竞争、规范市场竞争秩序、维护市场经济健康运行的基础性法律制度。此次修订顺应互联网行业的新发展,直面网络不正当竞争行为新情况新问题,进一步完善数字经济领域公平竞争规则。为了普及反不正当竞争方面的知识,帮助广大群众学习《反不正当竞争法》,我们编写了本书。

本书主要包含以下内容:

1.《反不正当竞争法》条文学习问答。根据《反不正当竞争法》条文内容精选重点,以问答形式帮助读者更好地理解法律条文。

2. 反不正当竞争实务学习问答。精选近年来反不正当竞争典型案例,以简明通俗的形式帮助读者将条文学习延伸至实务的理解与应用。每个实务问答下方标注相关规范,方便读者学习关联规定。

3. 附录。收录《反不正当竞争法》全文及重要相关规范。

目 录

第一部分 《反不正当竞争法》条文学习问答

第一章 总 则

1. 2025年新修订的《反不正当竞争法》的立法目的是什么？ ………………………………………………… 1
2. 经营者在生产经营活动中应当遵循的原则有哪些？ ……… 2
3. 什么是不正当竞争行为？ ………………………………… 3
4. 为什么说《反不正当竞争法》能够为其他知识产权专门法兜底？ ………………………………………… 3
5. 如何定义"经营者"？ ……………………………………… 4
6. 什么是商业道德？ ………………………………………… 5
7. 《反不正当竞争法》第三条明确了反不正当竞争工作的哪些基本遵循？ …………………………………… 5
8. 如何理解反不正当竞争工作协调机制？ ………………… 7
9. 不正当竞争行为应由哪个部门查处？ …………………… 7
10. 如何发挥反不正当竞争的社会监督作用？ ……………… 7

第二章 不正当竞争行为

11. 经营者擅自将他人有关名称设置为搜索关键词，该行为如何定性？ ………………………………………… 8

1

12. 境外企业名称受《反不正当竞争法》保护吗？·············· 9
13. 个体工商户、农民专业合作社（联合社）的名称
    或简称、字号受《反不正当竞争法》保护吗？·············· 9
14. 登记名称违法，该如何处理？·············· 10
15. 实施混淆行为，将承担什么法律责任？·············· 10
16. 故意为他人实施混淆行为提供便利条件，是否要
    承担连带责任？·············· 11
17. 销售混淆行为的商品，将承担什么法律责任？·············· 11
18. 销售时不知道商品与他人存在"特定联系"，仍要
    承担责任吗？·············· 11
19. 让人误认为与他人存在商业冠名、广告代言联系，
    是否属于《反不正当竞争法》规定的"特定联系"？··· 12
20. 怎样的标识才是"有一定影响的"标识？·············· 13
21. 视觉上基本无差别标识，属于"有一定影响的"
    标识吗？·············· 13
22. 区别商品来源显著特征的例外情形有哪些？·············· 14
23. 独具风格的营业形象属于"装潢"吗？·············· 14
24. 怎样正当使用商品标识？·············· 15
25. 将不得作为商标的标志做成了商标并使用，可以
    适用《反不正当竞争法》混淆行为的规定吗？·············· 15
26. 将他人注册商标、未注册的驰名商标作为企业名
    称中的字号使用，是否属于《反不正当竞争法》
    规定的"混淆行为"？·············· 16
27. 仅将标识用于广告宣传、展览，是否属于"使用"
    了该标识？·············· 17
28. 如何理解商业贿赂中的"行贿受贿一起查"？·············· 17

29. 公司内部的工作人员实施商业贿赂，应认定为公司行为还是工作人员的个人行为？ …………………… 18
30. 如何规制网络购物平台上的虚构"好评"（虚假宣传）行为？ …………………………………………… 19
31. 什么是"引人误解的商业宣传"？ ……………………… 20
32. 侵犯商业秘密行为的具体表现有哪些？ ……………… 20
33. 侵犯商业秘密的法律后果是什么？ …………………… 21
34. 如何举证所获商业信息不属于商业秘密？ …………… 22
35. 有奖销售活动开始后，商家还能更改兑奖规则吗？ …… 22
36. 商家在有奖活动开始后更改兑奖规则怎么办？ ……… 23
37. 如何规制商业诋毁行为，保护经营者商誉？ ………… 23
38. 网络生产经营者利用数据和算法、技术、平台规则等，妨碍、破坏其他经营者的产品或服务的行为有哪些？ ………………………………………… 24
39. 目标跳转是由用户触发的，还属于"强制进行目标跳转"吗？ ……………………………………… 25
40. 如何保护经营者持有的合法数据？ …………………… 25
41. 经营者滥用平台规则实施恶意交易的具体行为有哪些？ ………………………………………………… 26
42. 网络生产经营者妨碍、破坏其他经营者的产品或服务，将承担什么法律责任？ ……………………… 26
43. 如何约束平台经营者的定价权限，规制"内卷式"竞争？ ……………………………………………… 27
44. 大型企业等滥用自身优势地位扰乱公平竞争秩序要承担什么法律责任？ ……………………………… 28

3

45. 经营者违反《反不正当竞争法》给他人造成损害的，要承担何种民事责任？ …………………………… 29

第三章　对涉嫌不正当竞争行为的调查

46. 监督检查部门调查不正当竞争行为的措施有哪些？ …… 30
47. 监督检查部门开展调查须遵守哪些程序？ …………… 30
48. 监督检查部门开展调查还须遵守哪些规则？ ………… 31
49. 哪些主体有配合监督检查部门调查的义务？ ………… 31
50. 拒绝、阻碍监督检查部门的调查，需要承担什么责任？ … 31
51. 监督检查部门可以约谈涉事经营者吗？ ……………… 32
52. 监督检查部门及其工作人员知晓了商业秘密、个人隐私和个人信息，是否负有保密义务？ …………… 32
53. 对监督检查部门作出的决定不服可以申请行政复议或提起行政诉讼吗？ ……………………………… 33
54. 监督检查部门的工作人员不履行法定职责要承担什么责任？ …………………………………………… 34
55. 如果发现了不正当竞争行为，该怎么举报？ ………… 35
56. 《反不正当竞争法》关于不正当竞争举报和为举报人保密是如何规定的？ ……………………………… 36

第四章　法律责任

57. 经营者受到不正当竞争行为损害，如何寻求民事救济？ ………………………………………………… 36
58. 因不正当竞争行为提起的民事诉讼，如何确定管辖法院？ ………………………………………………… 37

59. 民事责任、行政责任和刑事责任竞合时如何处理？ …… 37
60. 法院已经认定为其他形式侵权的行为，还能再被认定为不正当竞争侵权吗？ …… 38
61. 如何计算因不正当竞争行为受到损害的赔偿数额？ …… 38
62. 经营者违反《反不正当竞争法》第七条、第十条规定，权利人因被侵权所受到的实际损失、侵权人因侵权所获得的利益难以确定的，将承担什么责任？ …… 39
63. 经营者主动消除或者减轻危害后果，应如何处理？ …… 39
64. 不正当竞争经营者受到处罚后，会影响其信用吗？ …… 40
65. 从事不正当竞争行为，有没有可能构成犯罪，追究刑事责任？ …… 40

第五章 附 则

66. 在境外实施不正当竞争行为会受到《反不正当竞争法》的规制吗？ …… 42
67. 2025年新修订的《反不正当竞争法》从何时开始施行？ …… 42

第二部分 反不正当竞争实务学习问答

1. 互联网搜索引擎商的"竞价排名"服务属于不正当竞争吗？ …… 43
2. 关键词隐性使用是否构成不正当竞争？ …… 44
3. 主播陪伴式"直播"（实为转播）其他直播平台的内容，属于不正当竞争行为吗？ …… 45

4. 截取电竞游戏客户端的旁观者观战画面进行直播，是否侵犯电竞赛事独家视频转播权？ ………… 46
5. 绕开公平对战手游的防沉迷系统组织商业代练，是否构成不正当竞争？ ………………………… 47
6. 为什么说游戏代练机构违反商业道德？ ………… 49
7. AR 探索类网游"外挂"是否构成不正当竞争？ …… 50
8. 合法取得的游戏币，在第三方交易平台进行交易，是否对游戏运营商构成不正当竞争？ …………… 51
9. 行业组织（协会）在反不正当竞争工作中如何发挥作用？ ………………………………………… 53
10. 主持微博话题讨论、召开新闻发布会进行商业诋毁，应如何规制？ …………………………… 53
11. 认定电影作品名称的知名度属于"有一定影响"，应从哪些方面考虑？ ………………………… 54
12. 利用"App 唤醒策略"进行强制跳转，是否属于不正当竞争？ …………………………………… 56
13. 网络抢购服务行为应如何认定？ ………………… 57
14. 购物助手超越合理限度进行运作，是保障了用户的知情权和选择权，还是破坏了网购平台的用户粘性？ …………………………………………… 58
15. 不以销售为前提的微信抽奖活动，适用"有奖销售"的规定吗？ ……………………………… 59
16. "雇佣点击/诱导点击"帮助微信公众号运营主体提升访问量，该如何定性？ …………………… 60
17. 发放红包诱使虚假点赞、打分、点评、收藏，是否属于不正当竞争？ ……………………………… 61

18. 在短视频平台组织刷量、制造虚假流量的行为应如何认定？ 63
19. 为什么视频网站 VIP 账号分时出租是不正当竞争行为？ 64
20. 浏览器内置屏蔽广告技术，是否属于技术中立？ 65
21. 安全类软件恶意篡改浏览器主页的行为，该如何认定？ 66
22. 如何区分仿冒混淆行为与商标侵权行为？ 67
23. 使用他人的商标和企业名称如何认定？ 68
24. 广告宣传可以涉及疾病治疗功能吗？ 69
25. 约定的技术保密期限届满，还要履行保密义务吗？ 71
26. "挖人才"式侵害技术秘密行为的判断要点是什么？ 72
27. 员工离职后披露技术秘密，诉讼周期较长，如何保全诉讼过程中技术秘密不被再次披露？ 73
28. 离职高管披露和使用原公司的客户名单，属于侵犯原公司的商业秘密吗？ 74
29. 从不为公众所知的工艺规程、质量标准等技术资料中提炼出的技术方案，是否作为技术秘密予以保护？ 77
30. 侵害商业秘密的举证责任是如何分配的？ 79
31. 商业秘密"刑民并行"案件该如何处理？ 80
32. 作为数据使用主体的数据平台对外发布的数据有误，是否构成对数据原始主体的不正当竞争？ 81
33. 非独创性数据集合形成的竞争优势，适用《著作权法》还是《反不正当竞争法》的规定？ 82

34. "群控软件"擅自收集微信用户数据，是否构成
    不正当竞争？ ························· 83
35. 不违反 robots 协议抓取数据并使用，是否构成不
    正当竞争？ ························· 84
36. 利用爬虫技术非法获取可自由访问的数据，是否
    构成不正当竞争？ ····················· 85

第三部分　附　录

中华人民共和国反不正当竞争法·················· 87
　　（2025 年 6 月 27 日）
中华人民共和国反垄断法······················· 98
　　（2022 年 6 月 24 日）
中华人民共和国广告法······················· 113
　　（2021 年 4 月 29 日）
中华人民共和国行政处罚法···················· 132
　　（2021 年 1 月 22 日）
保障中小企业款项支付条例 ···················· 151
　　（2025 年 3 月 17 日）
最高人民法院关于适用《中华人民共和国反不正当
　　竞争法》若干问题的解释 ················ 160
　　（2022 年 3 月 16 日）
最高人民法院关于审理侵犯商业秘密民事案件适用
　　法律若干问题的规定 ·················· 166
　　（2020 年 9 月 10 日）

第一部分 《反不正当竞争法》条文学习问答

第一章 总 则

1. 2025 年新修订的《反不正当竞争法》的立法目的是什么?

答:根据《反不正当竞争法》第一条的规定,本法的立法目的是促进社会主义市场经济健康发展,鼓励和保护公平竞争,预防和制止不正当竞争行为,保护经营者和消费者的合法权益。

(1) 促进社会主义市场经济健康发展

党的二十届三中全会审议通过的《中共中央关于进一步全面深化改革、推进中国式现代化的决定》,明确提出"高水平社会主义市场经济体制是中国式现代化的重要保障",就构建高水平社会主义市场经济体制作出一系列重大部署。贯彻落实好党的二十届三中全会精神,需要深入学习建立和完善社会主义市场经济体制的历史进程和伟大成就,深刻理解构建高水平社会主义市场经济体制在推进中国式现代化进程中的重要作用,全面把握并系统推进构建高水平社会主义市场经济体制的重点任务举措。①《反不正当竞争法》是关于促进社会主义市场经济发展的法律。

（2）鼓励和保护公平竞争，预防和制止不正当竞争行为

公平竞争是市场经济的基本原则，也是建设全国统一大市场的客观要求。党的二十届三中全会强调，加强公平竞争审查刚性约束，强化反垄断和反不正当竞争，清理和废除妨碍全国统一市场和公平竞争的各种规定和做法。②

（3）保护经营者和消费者的合法权益

强化反垄断、深入推进公平竞争政策实施，是完善社会主义市场经济体制的内在要求。要从构建新发展格局、推动高质量发展、促进共同富裕的战略高度出发，促进形成公平竞争的市场环境，为各类市场主体特别是中小企业创造广阔的发展空间，更好保护消费者权益。③

2. 经营者在生产经营活动中应当遵循的原则有哪些？

答：根据《反不正当竞争法》第二条第一款的规定，经

---

① 参见《构建高水平社会主义市场经济体制》，载国家市场监督管理总局网站，https：//www.samr.gov.cn/zt/ndzt/2024n/20thszqh/pljd/art/2024/art_bdf592b9daba4c8da1c6d2da1d95ac95.html，2025年6月28日访问。

② 参见《〈公平竞争审查条例〉实施：除壁垒，护公平 助力全国统一大市场》，载中国政府网，https：//www.gov.cn/zhengce/202408/content_6970419.htm，2025年6月28日访问。

③ 参见《习近平主持召开中央全面深化改革委员会会议：加强反垄断反不正当竞争监管力度 完善物资储备体制机制 深入打好污染防治攻坚战》，载中国政府网，https：//www.gov.cn/xinwen/2021-08/30/content_5634220.htm，2025年6月28日访问。

营者在生产经营活动中，应当遵循自愿、平等、公平、诚信的原则，遵守法律和商业道德，公平参与市场竞争。

3. 什么是不正当竞争行为？

答：根据《反不正当竞争法》第二条第二款的规定，不正当竞争行为是指经营者在生产经营活动中，违反本法规定，扰乱市场竞争秩序，损害其他经营者或者消费者的合法权益的行为。

《最高人民法院关于适用〈中华人民共和国反不正当竞争法〉若干问题的解释》① 第一条规定，经营者扰乱市场竞争秩序，损害其他经营者或者消费者合法权益，且属于违反反不正当竞争法第二章（对应 2025 年《反不正当竞争法》第二章）及专利法、商标法、著作权法等规定之外情形的，人民法院可以适用反不正当竞争法第二条（对应 2025 年《反不正当竞争法》第二条）予以认定。

4. 为什么说《反不正当竞争法》能够为其他知识产权专门法兜底？

答：《反不正当竞争法》第二条已经成为人民法院认定

---

① 《最高人民法院关于适用〈中华人民共和国反不正当竞争法〉若干问题的解释》的公布时间为 2022 年 3 月 16 日，为了便于读者理解与适用，编者结合本次修订后的《反不正当竞争法》对《最高人民法院关于适用〈中华人民共和国反不正当竞争法〉若干问题的解释》中涉及《反不正当竞争法》条文序号作了标注说明。以下不再提示。

新类型不正当竞争行为的主要法律依据之一，对维护公平竞争的市场秩序发挥了重要作用。但是，裁判标准不统一的现象时有发生。为此，《最高人民法院关于适用〈中华人民共和国反不正当竞争法〉若干问题的解释》第一条规定，经营者扰乱市场竞争秩序，损害其他经营者或者消费者合法权益，且属于违反反不正当竞争法第二章（对应2025年《反不正当竞争法》第二章）及专利法、商标法、著作权法等规定之外情形的，人民法院可以适用反不正当竞争法第二条（对应2025年《反不正当竞争法》第二条）予以认定。这样，既厘清了《反不正当竞争法》第二条（对应2025年《反不正当竞争法》第二条）与具体行为条款、知识产权专门法规定之间的适用关系，也明确了《反不正当竞争法》第二条对其他知识产权专门法的兜底适用地位。①

5. 如何定义"经营者"？

答：根据《反不正当竞争法》第二条第三款的规定，经营者是指从事商品生产、经营或者提供服务（以下所称商品包括服务）的自然人、法人和非法人组织。

根据《最高人民法院关于适用〈中华人民共和国反不正当竞争法〉若干问题的解释》第二条的规定，与经营者在生

---

① 参见《最高法民三庭负责人就反不正当竞争法司法解释答记者问》，载最高人民法院网站，https://www.court.gov.cn/zixun/xiangqing/351301.html，2025年6月27日访问。

产经营活动中存在可能的争夺交易机会、损害竞争优势等关系的市场主体，也可被认定为经营者。

6. 什么是商业道德？

答：《最高人民法院关于适用〈中华人民共和国反不正当竞争法〉若干问题的解释》第三条规定，特定商业领域普遍遵循和认可的行为规范，人民法院可以认定为反不正当竞争法第二条（对应2025年《反不正当竞争法》第二条）规定的"商业道德"。

人民法院应当结合案件具体情况，综合考虑行业规则或者商业惯例、经营者的主观状态、交易相对人的选择意愿、对消费者权益、市场竞争秩序、社会公共利益的影响等因素，依法判断经营者是否违反商业道德。

人民法院认定经营者是否违反商业道德时，可以参考行业主管部门、行业协会或者自律组织制定的从业规范、技术规范、自律公约等。

《反不正当竞争法》第二条第一款规定："经营者在生产经营活动中，应当遵循自愿、平等、公平、诚信的原则，遵守法律和商业道德，公平参与市场竞争。"

7.《反不正当竞争法》第三条明确了反不正当竞争工作的哪些基本遵循？

答：《反不正当竞争法》第三条规定："反不正当竞争工

作坚持中国共产党的领导。国家健全完善反不正当竞争规则制度，加强反不正当竞争执法司法，维护市场竞争秩序，健全统一、开放、竞争、有序的市场体系。国家建立健全公平竞争审查制度，依法加强公平竞争审查工作，保障各类经营者依法平等使用生产要素、公平参与市场竞争。"

该条是 2025 年新修订的《反不正当竞争法》新增条文，明确了反不正当竞争工作坚持中国共产党的领导。国家健全完善反不正当竞争规则制度，加强反不正当竞争执法司法，维护市场竞争秩序，健全统一、开放、竞争、有序的市场体系。

围绕规范政府和企业行为、治理"内卷式"竞争，[1]《反不正当竞争法》第三条规定了公平竞争审查制度。公平竞争是市场经济的基本原则，也是建设全国统一大市场的客观要求。党的二十届三中全会强调，加强公平竞争审查刚性约束，强化反垄断和反不正当竞争，清理和废除妨碍全国统一市场和公平竞争的各种规定和做法。实施与完善法治化、规范化的公平竞争审查制度，对于依法规范行政权力、保障经营者公平参与市场竞争，意义重大。[2]

---

[1] 《反不正当竞争法修订草案进入二审 增加规定公平竞争审查制度》，载中国人大网，http：//www.npc.gov.cn/npc/c2/c30834/202506/t20250625_446003.html，2025 年 6 月 28 日访问。

[2] 参见《〈公平竞争审查条例〉实施：除壁垒，护公平 助力全国统一大市场》，载中国政府网，https：//www.gov.cn/zhengce/202408/content_6970419.htm，2025 年 6 月 28 日访问。

8. 如何理解反不正当竞争工作协调机制？

答：《反不正当竞争法》第四条规定，各级人民政府应当采取措施，预防和制止不正当竞争行为，为公平竞争创造良好的环境和条件。国务院建立健全反不正当竞争工作协调机制，协调处理维护市场竞争秩序的重大问题。

9. 不正当竞争行为应由哪个部门查处？

答：《反不正当竞争法》第五条规定，县级以上人民政府履行市场监督管理职责的部门对不正当竞争行为进行监督检查；法律、行政法规规定由其他部门监督检查的，依照其规定。

10. 如何发挥反不正当竞争的社会监督作用？

答：根据《反不正当竞争法》第六条的规定，发挥反不正当竞争的社会监督作用应从以下三个方面着手：（1）国家鼓励、支持和保护一切组织和个人对不正当竞争行为进行社会监督。（2）国家机关及其工作人员不得支持、包庇不正当竞争行为。（3）行业组织应当加强行业自律，引导、规范本行业的经营者依法竞争，维护市场竞争秩序。

第二章 不正当竞争行为

11. 经营者擅自将他人有关名称设置为搜索关键词，该行为如何定性？

答：《反不正当竞争法》规定了经营者擅自将他人有关名称等设置为其搜索关键词，引人误认为是他人商品或者与他人存在特定联系的，属于混淆行为，[①] 须承担相应的法律责任。

《反不正当竞争法》第七条规定："经营者不得实施下列混淆行为，引人误认为是他人商品或者与他人存在特定联系：（一）擅自使用与他人有一定影响的商品名称、包装、装潢等相同或者近似的标识；（二）擅自使用他人有一定影响的名称（包括简称、字号等）、姓名（包括笔名、艺名、网名、译名等）；（三）擅自使用他人有一定影响的域名主体部分、网站名称、网页、新媒体账号名称、应用程序名称或者图标等；（四）其他足以引人误认为是他人商品或者与他人存在特定联系的混淆行为。擅自将他人注册商标、未注册的驰名商标作为企业名称中的字号使用，或者将他人商品名称、企业名称（包括简称、字号等）、注册商标、未注册的

[①] 参见《反不正当竞争法修订草案拟二审：强化应对互联网行业不正当竞争》，载中国人大网，http://www.npc.gov.cn/npc/c2/c30834/202506/t20250623_445936.html，2025年6月28日访问。

驰名商标等设置为搜索关键词，引人误认为是他人商品或者与他人存在特定联系的，属于前款规定的混淆行为。经营者不得帮助他人实施混淆行为。"

《最高人民法院关于适用〈中华人民共和国反不正当竞争法〉若干问题的解释》第十一条规定，经营者擅自使用与他人有一定影响的企业名称（包括简称、字号等）、社会组织名称（包括简称等）、姓名（包括笔名、艺名、译名等）、域名主体部分、网站名称、网页等近似的标识，引人误认为是他人商品或者与他人存在特定联系，当事人主张属于反不正当竞争法第六条第二项、第三项（对应2025年《反不正当竞争法》第七条第一款第二项、第三项）规定的情形的，人民法院应予支持。

12. 境外企业名称受《反不正当竞争法》保护吗？

答：《最高人民法院关于适用〈中华人民共和国反不正当竞争法〉若干问题的解释》第九条第一款规定，市场主体登记管理部门依法登记的企业名称，以及在中国境内进行商业使用的境外企业名称，人民法院可以认定为反不正当竞争法第六条第二项（对应2025年《反不正当竞争法》第七条第一款第二项）规定的"企业名称"。

13. 个体工商户、农民专业合作社（联合社）的名称或简称、字号受《反不正当竞争法》保护吗？

答：《最高人民法院关于适用〈中华人民共和国反不正

当竞争法〉若干问题的解释》第九条第二款规定，有一定影响的个体工商户、农民专业合作社（联合社）以及法律、行政法规规定的其他市场主体的名称（包括简称、字号等），人民法院可以依照反不正当竞争法第六条第二项（对应2025年《反不正当竞争法》第七条第一款第二项）予以认定。

14. 登记名称违法，该如何处理？

答：《反不正当竞争法》第二十三条第三款规定，经营者登记的名称违反本法第七条规定的，应当及时办理名称变更登记；名称变更前，由登记机关以统一社会信用代码代替其名称。

15. 实施混淆行为，将承担什么法律责任？

答：《反不正当竞争法》第二十三条第一款规定："经营者违反本法第七条规定实施混淆行为或者帮助他人实施混淆行为的，由监督检查部门责令停止违法行为，没收违法商品。违法经营额五万元以上的，可以并处违法经营额五倍以下的罚款；没有违法经营额或者违法经营额不足五万元的，可以并处二十五万元以下的罚款；情节严重的，并处吊销营业执照。"

《反不正当竞争法》第二十二条第四款规定："经营者违反本法第七条、第十条规定，权利人因被侵权所受到的实际损失、侵权人因侵权所获得的利益难以确定的，由人民法院根据侵权行为的情节判决给予权利人五百万元以下的赔偿。"

16. 故意为他人实施混淆行为提供便利条件，是否要承担连带责任？

答：是的。《最高人民法院关于适用〈中华人民共和国反不正当竞争法〉若干问题的解释》第十五条规定，故意为他人实施混淆行为提供仓储、运输、邮寄、印制、隐匿、经营场所等便利条件，当事人请求依据民法典第一千一百六十九条第一款予以认定的，人民法院应予支持。

《民法典》① 第一千一百六十九条第一款规定，教唆、帮助他人实施侵权行为的，应当与行为人承担连带责任。

17. 销售混淆行为的商品，将承担什么法律责任？

答：《反不正当竞争法》第二十三条第二款："销售本法第七条规定的违法商品的，依照前款规定予以处罚；销售者不知道其销售的商品属于违法商品，能证明该商品是自己合法取得并说明提供者的，由监督检查部门责令停止销售，不予行政处罚。"

18. 销售时不知道商品与他人存在"特定联系"，仍要承担责任吗？

答：《反不正当竞争法》第二十三条第二款："销售本法

---

① 本书法律、行政法规文件使用简称，以下不再提示。

第七条规定的违法商品的，依照前款规定予以处罚；销售者不知道其销售的商品属于违法商品，能证明该商品是自己合法取得并说明提供者的，由监督检查部门责令停止销售，不予行政处罚。"

《最高人民法院关于适用〈中华人民共和国反不正当竞争法〉若干问题的解释》第十四条规定，经营者销售带有违反反不正当竞争法第六条（对应2025年《反不正当竞争法》第七条）规定的标识的商品，引人误认为是他人商品或者与他人存在特定联系，当事人主张构成反不正当竞争法第六条（对应2025年《反不正当竞争法》第七条）规定的情形的，人民法院应予支持。销售不知道是前款规定的侵权商品，能证明该商品是自己合法取得并说明提供者，经营者主张不承担赔偿责任的，人民法院应予支持。

19. 让人误认为与他人存在商业冠名、广告代言联系，是否属于《反不正当竞争法》规定的"特定联系"？

答：《最高人民法院关于适用〈中华人民共和国反不正当竞争法〉若干问题的解释》第十二条第二款规定，反不正当竞争法第六条（对应2025年《反不正当竞争法》第七条）规定的"引人误认为是他人商品或者与他人存在特定联系"，包括误认为与他人具有商业联合、许可使用、商业冠名、广告代言等特定联系。

20. 怎样的标识才是"有一定影响的"标识？

答：《最高人民法院关于适用〈中华人民共和国反不正当竞争法〉若干问题的解释》第四条规定，具有一定的市场知名度并具有区别商品来源的显著特征的标识，人民法院可以认定为反不正当竞争法第六条（对应 2025 年《反不正当竞争法》第七条）规定的"有一定影响的"标识。人民法院认定反不正当竞争法第六条（对应 2025 年《反不正当竞争法》第七条）规定的标识是否具有一定的市场知名度，应当综合考虑中国境内相关公众的知悉程度，商品销售的时间、区域、数额和对象，宣传的持续时间、程度和地域范围，标识受保护的情况等因素。

《最高人民法院关于适用〈中华人民共和国反不正当竞争法〉若干问题的解释》第十二条第一款规定，人民法院认定与反不正当竞争法第六条（对应 2025 年《反不正当竞争法》第七条）规定的"有一定影响的"标识相同或者近似，可以参照商标相同或者近似的判断原则和方法。

21. 视觉上基本无差别标识，属于"有一定影响的"标识吗？

答：《最高人民法院关于适用〈中华人民共和国反不正当竞争法〉若干问题的解释》第十二条第三款规定，在相同商品上使用相同或者视觉上基本无差别的商品名称、包装、装潢等标识，应当视为足以造成与他人有一定影响的标识相混淆。

22. 区别商品来源显著特征的例外情形有哪些？

答：《最高人民法院关于适用〈中华人民共和国反不正当竞争法〉若干问题的解释》第五条规定，反不正当竞争法第六条（对应 2025 年《反不正当竞争法》第七条）规定的标识有下列情形之一的，人民法院应当认定其不具有区别商品来源的显著特征：（一）商品的通用名称、图形、型号；（二）仅直接表示商品的质量、主要原料、功能、用途、重量、数量及其他特点的标识；（三）仅由商品自身的性质产生的形状，为获得技术效果而需有的商品形状以及使商品具有实质性价值的形状；（四）其他缺乏显著特征的标识。前款第一项、第二项、第四项规定的标识经过使用取得显著特征，并具有一定的市场知名度，当事人请求依据反不正当竞争法第六条（对应 2025 年《反不正当竞争法》第七条）规定予以保护的，人民法院应予支持。

23. 独具风格的营业形象属于"装潢"吗？

答：《最高人民法院关于适用〈中华人民共和国反不正当竞争法〉若干问题的解释》第八条规定，由经营者营业场所的装饰、营业用具的式样、营业人员的服饰等构成的具有独特风格的整体营业形象，人民法院可以认定为反不正当竞争法第六条第一项（对应 2025 年《反不正当竞争法》第七条第一款第一项）规定的"装潢"。

24. 怎样正当使用商品标识？

答：《最高人民法院关于适用〈中华人民共和国反不正当竞争法〉若干问题的解释》第六条规定，因客观描述、说明商品而正当使用下列标识，当事人主张属于反不正当竞争法第六条（对应 2025 年《反不正当竞争法》第七条）规定的情形的，人民法院不予支持：（一）含有本商品的通用名称、图形、型号；（二）直接表示商品的质量、主要原料、功能、用途、重量、数量以及其他特点；（三）含有地名。

也就是说，只要是客观描述、说明商品，使用含有本商品的通用名称、图形、型号，直接表示商品的质量、主要原料、功能、用途、重量、数量以及其他特点，或使用地名，都属于对标识的正当使用。

25. 将不得作为商标的标志做成了商标并使用，可以适用《反不正当竞争法》混淆行为的规定吗？

答：不可以，此类情况应适用《商标法》中的有关规定。
《最高人民法院关于适用〈中华人民共和国反不正当竞争法〉若干问题的解释》第七条规定，反不正当竞争法第六条（对应 2025 年《反不正当竞争法》第七条）规定的标识或者其显著识别部分属于商标法第十条第一款规定的不得作为商标使用的标志,当事人请求依据反不正当竞争法第六条规定予以保护的,人民法院不予支持。

《商标法》第十条规定:"下列标志不得作为商标使用:(一)同中华人民共和国的国家名称、国旗、国徽、国歌、军旗、军徽、军歌、勋章等相同或者近似的,以及同中央国家机关的名称、标志、所在地特定地点的名称或者标志性建筑物的名称、图形相同的;(二)同外国的国家名称、国旗、国徽、军旗等相同或者近似的,但经该国政府同意的除外;(三)同政府间国际组织的名称、旗帜、徽记等相同或者近似的,但经该组织同意或者不易误导公众的除外;(四)与表明实施控制、予以保证的官方标志、检验印记相同或者近似的,但经授权的除外;(五)同"红十字"、"红新月"的名称、标志相同或者近似的;(六)带有民族歧视性的;(七)带有欺骗性,容易使公众对商品的质量等特点或者产地产生误认的;(八)有害于社会主义道德风尚或者有其他不良影响的。县级以上行政区划的地名或者公众知晓的外国地名,不得作为商标。但是,地名具有其他含义或者作为集体商标、证明商标组成部分的除外;已经注册的使用地名的商标继续有效。"

26. 将他人注册商标、未注册的驰名商标作为企业名称中的字号使用,是否属于《反不正当竞争法》规定的"混淆行为"?

答:《最高人民法院关于适用〈中华人民共和国反不正

当竞争法〉若干问题的解释》第十三条规定，经营者实施下列混淆行为之一，足以引人误认为是他人商品或者与他人存在特定联系的，人民法院可以依照反不正当竞争法第六条第四项（对应2025年《反不正当竞争法》第七条第一款第四项）予以认定：（一）擅自使用《反不正当竞争法》第七条第一款第一项、第二项、第三项规定以外"有一定影响的"标识；（二）将他人注册商标、未注册的驰名商标作为企业名称中的字号使用，误导公众。

27. 仅将标识用于广告宣传、展览，是否属于"使用"了该标识？

答：《最高人民法院关于适用〈中华人民共和国反不正当竞争法〉若干问题的解释》第十条规定，在中国境内将有一定影响的标识用于商品、商品包装或者容器以及商品交易文书上，或者广告宣传、展览以及其他商业活动中，用于识别商品来源的行为，人民法院可以认定为反不正当竞争法第六条（对应2025年《反不正当竞争法》第七条）规定的"使用"。

28. 如何理解商业贿赂中的"行贿受贿一起查"？

答：《反不正当竞争法》第八条规定："经营者不得采用给予财物或者其他手段贿赂下列单位或者个人，以谋取交易机会或者竞争优势：（一）交易相对方的工作人员；（二）受交易相对方委托办理相关事务的单位或者个人；（三）利用职权或者影响力影响交易的单位或者个人。前款规定的单位和个人不得收受贿赂。经营者在交易活动中，可以以明示方式向交易相对方支付折扣，或者向中间人支付佣金。经营者向交易相对方支付折扣、向中间人支付佣金的，应当如实入账。接受折扣、佣金的经营者也应当如实入账。经营者的工作人员进行贿赂的，应当认定为经营者的行为；但是，经营者有证据证明该工作人员的行为与为经营者谋取交易机会或者竞争优势无关的除外。"

《反不正当竞争法》强化商业贿赂治理，坚持"行贿受贿一起查"，单位和个人均不得在交易活动中收受贿赂。第二十四条规定："有关单位违反本法第八条规定贿赂他人或者收受贿赂的，由监督检查部门没收违法所得，处十万元以上一百万元以下的罚款；情节严重的，处一百万元以上五百万元以下的罚款，可以并处吊销营业执照。经营者的法定代表人、主要负责人和直接责任人员对实施贿赂负有个人责任，以及有关个人收受贿赂的，由监督检查部门没收违法所得，处一百万元以下的罚款。"

29. 公司内部的工作人员实施商业贿赂，应认定为公司行为还是工作人员的个人行为？

答：《反不正当竞争法》第八条第四款规定，经营者的工作人员进行贿赂的，应当认定为经营者的行为；但是，经营者有证据证明该工作人员的行为与为经营者谋取交易机会或者竞争优势无关的除外。

30. 如何规制网络购物平台上的虚构"好评"(虚假宣传)行为?

答:《反不正当竞争法》第九条规定:"经营者不得对其商品的性能、功能、质量、销售状况、用户评价、曾获荣誉等作虚假或者引人误解的商业宣传,欺骗、误导消费者和其他经营者。经营者不得通过组织虚假交易、虚假评价等方式,帮助其他经营者进行虚假或者引人误解的商业宣传。"第二十五条规定:"经营者违反本法第九条规定对其商品作虚假或者引人误解的商业宣传,或者通过组织虚假交易、虚假评价等方式帮助其他经营者进行虚假或者引人误解的商业宣传的,由监督检查部门责令停止违法行为,处一百万元以下的罚款;情节严重的,处一百万元以上二百万元以下的罚款,可以并处吊销营业执照。经营者违反本法第九条规定,属于发布虚假广告的,依照《中华人民共和国广告法》的规定处罚。"

《广告法》第五十五条第一款规定:"违反本法规定,发布虚假广告的,由市场监督管理部门责令停止发布广告,责令广告主在相应范围内消除影响,处广告费用三倍以上五倍以下的罚款,广告费用无法计算或者明显偏低的,处二十万元以上一百万元以下的罚款;两年内有三次以上违法行为或者有其他严重情节的,处广告费用五倍以上十倍以下的罚款,广告费用无法计算或者明显偏低的,处一百万元以上二百万元以下的罚款,可以吊销营业执照,并由广告审查机关撤销广告审查批准文件、一年内不受理其广告审查申请。"

31. 什么是"引人误解的商业宣传"？

答：《最高人民法院关于适用〈中华人民共和国反不正当竞争法〉若干问题的解释》第十七条规定，经营者具有下列行为之一，欺骗、误导相关公众的，人民法院可以认定为反不正当竞争法第八条第一款（对应 2025 年《反不正当竞争法》第九条第一款）规定的"引人误解的商业宣传"：（1）对商品作片面的宣传或者对比；（2）将科学上未定论的观点、现象等当作定论的事实用于商品宣传；（3）使用歧义性语言进行商业宣传；（4）其他足以引人误解的商业宣传行为。人民法院应当根据日常生活经验、相关公众一般注意力、发生误解的事实和被宣传对象的实际情况等因素，对引人误解的商业宣传行为进行认定。第十八条规定，当事人主张经营者违反反不正当竞争法第八条第一款（对应 2025 年《反不正当竞争法》第九条第一款）的规定并请求赔偿损失的，应当举证证明其因虚假或者引人误解的商业宣传行为受到损失。

32. 侵犯商业秘密行为的具体表现有哪些？

答：《反不正当竞争法》第十条第四款规定，商业秘密是指不为公众所知悉、具有商业价值并经权利人采取相应保密措施的技术信息、经营信息等商业信息。

根据《反不正当竞争法》第十条的规定，经营者侵犯商业秘密行为的表现有：（1）以盗窃、贿赂、欺诈、胁迫、电子侵入或者其他不正当手段获取权利人的商业秘密；（2）披露、使用或者允许他人使用以前项手段获取的权利人的商业秘密；（3）违反保密义务或者违反权利人有关保守商业秘密的要求，披露、使用或者允许他人使用其所掌握的商业秘密；（4）教唆、引诱、帮助他人违反保密义务或者违反权利人有关保守商业秘密的要求，获取、披露、使用或者允许他人使用权利人的商业秘密。经营者以外的其他自然人、法人和非法人组织实施前款所列违法行为的，视为侵犯商业秘密。第三人明知或者应知商业秘密权利人的员工、前员工或者其他单位、个人实施上述四类行为，仍获取、披露、使用或者允许他人使用该商业秘密的，视为侵犯商业秘密。

33. 侵犯商业秘密的法律后果是什么？

答：《反不正当竞争法》第十条规定，经营者不得侵犯商业秘密。第二十二条第四款规定："经营者违反本法第七条、第十条规定，权利人因被侵权所受到的实际损失、侵权人因侵权所获得的利益难以确定的，由人民法院根据侵权行为的情节判决给予权利人五百万元以下的赔偿。"第二十六条规定："经营者以及其他自然人、法人和非法人组织违反本法第十条规定侵犯商业秘密的，由监督检查部门责令停止违法行为，没收违法所得，处十万元以上一百万元以下的罚款；情节严重的，处一百万元以上五百万元以下的罚款。"

34. 如何举证所获商业信息不属于商业秘密？

答：根据《反不正当竞争法》第三十九条的规定，在侵犯商业秘密的民事审判程序中，商业秘密权利人提供初步证据，证明其已经对所主张的商业秘密采取保密措施，且合理表明商业秘密被侵犯，涉嫌侵权人应当证明权利人所主张的商业秘密不属于本法规定的商业秘密。商业秘密权利人提供初步证据合理表明商业秘密被侵犯，且提供以下证据之一的，涉嫌侵权人应当证明其不存在侵犯商业秘密的行为：（1）有证据表明涉嫌侵权人有渠道或者机会获取商业秘密，且其使用的信息与该商业秘密实质上相同；（2）有证据表明商业秘密已经被涉嫌侵权人披露、使用或者有被披露、使用的风险；（3）有其他证据表明商业秘密被涉嫌侵权人侵犯。

35. 有奖销售活动开始后，商家还能更改兑奖规则吗？

答：不能。根据《反不正当竞争法》第十一条的规定，经营者进行有奖销售不得存在下列情形：（1）所设奖的种类、兑奖条件、奖金金额或者奖品等有奖销售信息不明确，影响兑奖；（2）有奖销售活动开始后，无正当理由变更所设奖的种类、兑奖条件、奖金金额或者奖品等有奖销售信息；（3）采用谎称有奖或者故意让内定人员中奖等欺骗方式进行有奖销售；（4）抽奖式的有奖销售，最高奖的金额超过五万元。

36. 商家在有奖活动开始后更改兑奖规则怎么办？

答：《反不正当竞争法》第十一条规定，有奖销售活动开始后，经营者不得无正当理由变更兑奖条件、奖金金额、奖品等有奖销售信息。第二十七条规定，经营者违反本法第十一条规定进行有奖销售的，由监督检查部门责令停止违法行为，处五万元以上五十万元以下的罚款。

37. 如何规制商业诋毁行为，保护经营者商誉？

答：《反不正当竞争法》第十二条规定："经营者不得编造、传播或者指使他人编造、传播虚假信息或者误导性信息，损害其他经营者的商业信誉、商品声誉。"第二十八条规定："经营者违反本法第十二条规定损害其他经营者商业信誉、商品声誉的，由监督检查部门责令停止违法行为、消除影响，处十万元以上一百万元以下的罚款；情节严重的，处一百万元以上五百万元以下的罚款。"

《最高人民法院关于适用〈中华人民共和国反不正当竞争法〉若干问题的解释》第十九条规定，当事人主张经营者实施了反不正当竞争法第十一条（对应2025年《反不正当竞争法》第十二条）规定的商业诋毁行为的，应当举证证明其为该商业诋毁行为的特定损害对象。第二十条规定，经营者传播他人编造的虚假信息或者误导性信息，损害竞争对手的商业信誉、商品声誉的，人民法院应当依照反不正当竞法第十一条（对应 2025 年《反不正当竞争法》第十二条）予以认定。

38. 网络生产经营者利用数据和算法、技术、平台规则等，妨碍、破坏其他经营者的产品或服务的行为有哪些？

答：根据《反不正当竞争法》第十三条的规定，经营者利用网络从事生产经营活动，应当遵守本法的各项规定。经营者不得利用数据和算法、技术、平台规则等，通过影响用户选择或者其他方式，实施下列妨碍、破坏其他经营者合法提供的网络产品或者服务正常运行的行为：（1）未经其他经营者同意，在其合法提供的网络产品或者服务中，插入链接、强制进行目标跳转；（2）误导、欺骗、强迫用户修改、关闭、卸载其他经营者合法提供的网络产品或者服务；（3）恶意对其他经营者合法提供的网络产品或者服务实施不兼容；（4）其他妨碍、破坏其他经营者合法提供的网络产品或者服务正常运行的行为。经营者不得以欺诈、胁迫、避开或者破坏技术管理措施等不正当方式，获取、使用其他经营者合法持有的数据，损害其他经营者的合法权益，扰乱市场竞争秩序。经营者不得滥用平台规则，直接或者指使他人对其他经营者实施虚假交易、虚假评价或者恶意退货等行为，损害其他经营者的合法权益，扰乱市场竞争秩序。

39. 目标跳转是由用户触发的，还属于"强制进行目标跳转"吗？

答：《最高人民法院关于适用〈中华人民共和国反不正当竞争法〉若干问题的解释》第二十一条规定，未经其他经营者和用户同意而直接发生的目标跳转，人民法院应当认定为反不正当竞争法第十二条第二款第一项（对应 2025 年《反不正当竞争法》第十三条第二款第一项）规定的"强制进行目标跳转"。

仅插入链接，目标跳转由用户触发的，人民法院应当综合考虑插入链接的具体方式、是否具有合理理由以及对用户利益和其他经营者利益的影响等因素，认定该行为是否违反反不正当竞争法第十二条第二款第一项（对应 2025 年《反不正当竞争法》第十三条第二款第一项）的规定。

40. 如何保护经营者持有的合法数据？

答：《反不正当竞争法》第十三条第三款规定，经营者不得以欺诈、胁迫、避开或者破坏技术管理措施等不正当方式，获取、使用其他经营者合法持有的数据，损害其他经营者的合法权益，扰乱市场竞争秩序。

41. 经营者滥用平台规则实施恶意交易的具体行为有哪些?

答：经营者滥用平台规则，具体来说就是直接或者指使他人对其他经营者实施虚假交易、虚假评价或者恶意退货等行为，损害其他经营者的合法权益，扰乱市场竞争秩序。[1]

《反不正当竞争法》第十三条第四款规定，经营者不得滥用平台规则，直接或者指使他人对其他经营者实施虚假交易、虚假评价或者恶意退货等行为，损害其他经营者的合法权益，扰乱市场竞争秩序。

42. 网络生产经营者妨碍、破坏其他经营者的产品或服务，将承担什么法律责任?

答：《反不正当竞争法》第十三条规定，经营者不得利用数据和算法、技术、平台规则等，通过影响用户选择或者其他方式，实施妨碍、破坏其他经营者合法提供的网络产品或者服务正常运行。第二十九条规定："经营者违反本法第十三条第二款、第三款、第四款规定利用网络从事不正当竞争的，由监督检查部门责令停止违法行为，处十万元以上一

---

[1] 《反不正当竞争法修订草案拟二审：强化应对互联网行业不正当竞争》，载中国人大网，http://www.npc.gov.cn/npc/c2/c30834/202506/t20250623_445936.html，2025年6月28日访问。

百万元以下的罚款；情节严重的，处一百万元以上五百万元以下的罚款。"

43. 如何约束平台经营者的定价权限，规制"内卷式"竞争？

答：针对实践中比较突出的平台"内卷式"竞争，《反不正当竞争法》明确平台经营者不得强制或者变相强制平台内经营者按照其定价规则，以低于成本的价格销售商品，扰乱市场竞争秩序。①

《反不正当竞争法》第十四条规定："平台经营者不得强制或者变相强制平台内经营者按照其定价规则，以低于成本的价格销售商品，扰乱公平竞争秩序。"第三十条规定："平台经营者违反本法第十四条规定强制或者变相强制平台内经营者以低于成本的价格销售商品的，由监督检查部门责令停止违法行为，处五万元以上五十万元以下的罚款；情节严重的，处五十万元以上二百万元以下的罚款。"因此，平台经营者不得强制或者变相强制平台内经营者按照其定价规则，以低于成本的价格销售商品，扰乱市场竞争秩序，否则，将承担相应的法律责任。

---

① 《反不正当竞争法修订草案拟二审：强化应对互联网行业不正当竞争》，载中国人大网，http：//www.npc.gov.cn/npc/c2/c30834/202506/t20250623_445936.html，2025 年 6 月 28 日访问。

44. 大型企业等滥用自身优势地位扰乱公平竞争秩序要承担什么法律责任？

答：对大型企业等经营者滥用自身优势地位扰乱公平竞争秩序，相关条款存在被滥用风险，实践中容易影响交易安全和交易秩序，① 2025 年新修订的《反不正当竞争法》聚焦大型企业滥用自身优势地位扰乱公平竞争秩序，拖欠中小企业账款问题。

《反不正当竞争法》第十五条规定："大型企业等经营者不得滥用自身资金、技术、交易渠道、行业影响力等方面的优势地位，要求中小企业接受明显不合理的付款期限、方式、条件和违约责任等交易条件，拖欠中小企业的货物、工程、服务等账款。"第三十一条规定："经营者违反本法第十五条规定滥用自身优势地位的，由省级以上人民政府监督检查部门责令限期改正，逾期不改正的，处一百万元以下的罚款；情节严重的，处一百万元以上五百万元以下的罚款。"

《保障中小企业款项支付条例》第三十三条规定："国有大型企业拖欠中小企业款项，造成不良后果或者影响的，对负有责任的国有企业管理人员依法给予处分。国有大型企业没有法律、行政法规依据，要求以审计机关的审计结果作为

---

① 《反不正当竞争法修订草案进入二审 增加规定公平竞争审查制度》，载中国人大网，http://www.npc.gov.cn/npc/c2/c30834/202506/t20250625_446003.html，2025 年 6 月 28 日访问。

结算依据的,由其监管部门责令改正;拒不改正的,对负有责任的国有企业管理人员依法给予处分。"第三十四条规定:"大型企业违反本条例,未按照规定在企业年度报告中公示逾期尚未支付中小企业款项信息或者隐瞒真实情况、弄虚作假的,由市场监督管理部门依法处理。"第三十五条规定:"机关、事业单位和大型企业及其工作人员对提出付款请求或者投诉的中小企业及其工作人员进行恐吓、打击报复,或者有其他滥用职权、玩忽职守、徇私舞弊行为的,对负有责任的领导人员和直接责任人员依法给予处分或者处罚;构成犯罪的,依法追究刑事责任。"

因此,大型企业等经营者不得滥用自身各方面的优势地位,要求中小企业接受明显不合理的交易条件,拖欠中小企业账款,否则须承担相应的法律责任。

45. 经营者违反《反不正当竞争法》给他人造成损害的,要承担何种民事责任?

答:《反不正当竞争法》第二十二条第一款规定:"经营者违反本法规定,给他人造成损害的,应当依法承担民事责任。"

《民法典》第一百七十六条规定:"民事主体依照法律规定或者按照当事人约定,履行民事义务,承担民事责任。"第一百七十九条规定:"承担民事责任的方式主要有:(一)停止侵害;(二)排除妨碍;(三)消除危险;(四)返还财产;(五)恢复原状;(六)修理、重作、更换;(七)继续履行；（八）赔偿损失；（九）支付违约金；（十）消除影响、恢复名誉；（十一）赔礼道歉。法律规定惩罚性赔偿的，依照其规定。本条规定的承担民事责任的方式，可以单独适用，也可以合并适用。"

第三章　对涉嫌不正当竞争行为的调查

46. 监督检查部门调查不正当竞争行为的措施有哪些？

答：根据《反不正当竞争法》第十六条第一款的规定，监督检查部门调查涉嫌不正当竞争行为，可以采取下列措施：（1）进入涉嫌不正当竞争行为的经营场所进行检查；（2）询问被调查的经营者、利害关系人及其他有关单位、个人，要求其说明有关情况或者提供与被调查行为有关的其他资料；（3）查询、复制与涉嫌不正当竞争行为有关的协议、账簿、单据、文件、记录、业务函电和其他资料；（4）查封、扣押与涉嫌不正当竞争行为有关的财物；（5）查询涉嫌不正当竞争行为的经营者的银行账户。

47. 监督检查部门开展调查须遵守哪些程序？

答：《反不正当竞争法》第十六条第二款规定，监督检查部门采取第十六条第一款规定的措施，应当向监督检查部门主要负责人书面报告，并经批准。采取"查封、扣押与涉嫌不正当竞争行为有关的财物"和"查询涉嫌不正当竞争行为的经营者的银行账户"的措施，应当向设区的市级以上人民政府监督检查部门主要负责人书面报告，并经批准。

48. 监督检查部门开展调查还须遵守哪些规则？

答：《反不正当竞争法》第十六条第三款规定，监督检查部门调查涉嫌不正当竞争行为，应当遵守《中华人民共和国行政强制法》和其他有关法律、行政法规的规定，并应当依法将查处结果及时向社会公开。

49. 哪些主体有配合监督检查部门调查的义务？

答：根据《反不正当竞争法》第十七条的规定，监督检查部门调查涉嫌不正当竞争行为，被调查的经营者、利害关系人及其他有关单位、个人应当如实提供有关资料或者情况。

50. 拒绝、阻碍监督检查部门的调查，需要承担什么责任？

答：根据《反不正当竞争法》第三十五条的规定，妨害监督检查部门依照本法履行职责，拒绝、阻碍调查的，由监督检查部门责令改正，对个人可以处一万元以下的罚款，对单位可以处十万元以下的罚款。

《治安管理处罚法》① 第六十一条规定："有下列行为之一的，处警告或者五百元以下罚款；情节严重的，处五日以上十日以下拘留，可以并处一千元以下罚款：……（二）阻碍国家机关工作人员依法执行职务的……"

《行政处罚法》第二十九条规定："对当事人的同一个违法行为，不得给予两次以上罚款的行政处罚。同一个违法行为违反多个法律规范应当给予罚款处罚的，按照罚款数额高的规定处罚。"

综上，拒不配合调查的人员在接受行政处罚后，还可以由公安机关依法给予治安管理处罚。

51. 监督检查部门可以约谈涉事经营者吗？

答：可以。根据《反不正当竞争法》第十八条的规定，经营者涉嫌违反本法规定的，监督检查部门可以对其有关负责人进行约谈，要求其说明情况、提出改进措施。

52. 监督检查部门及其工作人员知晓了商业秘密、个人隐私和个人信息，是否负有保密义务？

答：根据《反不正当竞争法》第十九条的规定，监督检查部门及其工作人员对调查过程中知悉的商业秘密、个人隐

---

① 本处引用的《治安管理处罚法》于 2025 年 6 月 27 日修订通过，自 2026 年 1 月 1 日起施行。

私和个人信息依法负有保密义务。

《公务员法》第十四条规定："公务员应当履行下列义务：……（二）忠于国家，维护国家的安全、荣誉和利益……（四）忠于职守，勤勉尽责，服从和执行上级依法作出的决定和命令，按照规定的权限和程序履行职责，努力提高工作质量和效率；（五）保守国家秘密和工作秘密……"

53. 对监督检查部门作出的决定不服可以申请行政复议或提起行政诉讼吗？

答：根据《反不正当竞争法》第三十六条的规定，当事人对监督检查部门作出的决定不服的，可以依法申请行政复议或者提起行政诉讼。

《行政复议法》第二条规定："公民、法人或者其他组织认为行政机关的行政行为侵犯其合法权益，向行政复议机关提出行政复议申请，行政复议机关办理行政复议案件，适用本法。前款所称行政行为，包括法律、法规、规章授权的组织的行政行为。"第十一条规定："有下列情形之一的，公民、法人或者其他组织可以依照本法申请行政复议：（一）对行政机关作出的行政处罚决定不服；（二）对行政机关作出的行政强制措施、行政强制执行决定不服……（十五）认为行政机关的其他行政行为侵犯其合法权益。"

《行政诉讼法》第二条规定："公民、法人或者其他组织认为行政机关和行政机关工作人员的行政行为侵犯其合法权益，有权依照本法向人民法院提起诉讼。前款所称行政行为，包括法律、法规、规章授权的组织作出的行政行为。"第三条规定："人民法院应当保障公民、法人和其他组织的起诉权利，对应当受理的行政案件依法受理。行政机关及其工作人员不得干预、阻碍人民法院受理行政案件。被诉行政机关负责人应当出庭应诉。不能出庭的，应当委托行政机关相应的工作人员出庭。"第四十四条规定："对属于人民法院受案范围的行政案件，公民、法人或者其他组织可以先向行政机关申请复议，对复议决定不服的，再向人民法院提起诉讼；也可以直接向人民法院提起诉讼。法律、法规规定应当先向行政机关申请复议，对复议决定不服再向人民法院提起诉讼的，依照法律、法规的规定。"

54. 监督检查部门的工作人员不履行法定职责要承担什么责任？

答：关于监督检查部门的法定职责，在《反不正当竞争法》中有明确规定。例如，《反不正当竞争法》第五条规定，县级以上人民政府履行市场监督管理职责的部门对不正当竞争行为进行监督检查；法律、行政法规规定由其他部门监督检查的，依照其规定。第三章对监督检查部门调查涉嫌不正当竞争行为可以采取的措施、应当遵循的程序等作了规定，其中第十九条规定，监督检查部门及其工作人员对调查过程中知悉的商业秘密、个人隐私和个人信息依法负有保密义务。

那么针对监督检查部门的工作人员不履行法定职责的情

况,《反不正当竞争法》第三十七条规定,监督检查部门的工作人员滥用职权、玩忽职守、徇私舞弊或者泄露调查过程中知悉的商业秘密、个人隐私或者个人信息的,依法给予处分。《公务员法》第六十二条规定,处分分为:警告、记过、记大过、降级、撤职、开除。

55. 如果发现了不正当竞争行为,该怎么举报?

答:根据《反不正当竞争法》第二十条第一款的规定,对涉嫌不正当竞争行为,任何单位和个人有权向监督检查部门举报,监督检查部门接到举报后应当依法及时处理。

近年来,互联网技术和商业模式发展迅速,网络领域的不正当竞争纠纷不断涌现。针对网络领域竞争新情况、新特点,平台经营者肩负处置平台内经营者不正当竞争行为的义务。① 《反不正当竞争法》第二十一条规定,平台经营者应当在平台服务协议和交易规则中明确平台内公平竞争规则,建立不正当竞争举报投诉和纠纷处置机制,引导、规范平台内经营者依法公平竞争;发现平台内经营者实施不正当竞争行为的,应当及时依法采取必要的处置措施,保存有关记录,并按规定向平台经营者住所地县级以上人民政府监督检查部门报告。

---

① 参见《反不正当竞争法修订草案拟二审:强化应对互联网行业不正当竞争》,载中国人大网,http://www.npc.gov.cn/npc/c2/c30834/202506/t20250623_445936.html,2025 年 6 月 28 日访问。

56. 《反不正当竞争法》关于不正当竞争举报和为举报人保密是如何规定的？

答：根据《反不正当竞争法》第二十条第二款的规定，监督检查部门应当向社会公开受理举报的电话、信箱或者电子邮件地址，并为举报人保密。对实名举报并提供相关事实和证据的，监督检查部门应当将处理结果及时告知举报人。

第四章 法律责任

57. 经营者受到不正当竞争行为损害，如何寻求民事救济？

答：《反不正当竞争法》第二十二条第二款规定："经营者的合法权益受到不正当竞争行为损害的，可以向人民法院提起诉讼。"

《民事诉讼法》第一百二十二条规定："起诉必须符合下列条件：（一）原告是与本案有直接利害关系的公民、法人和其他组织；（二）有明确的被告；（三）有具体的诉讼请求和事实、理由；（四）属于人民法院受理民事诉讼的范围和受诉人民法院管辖。"第一百二十三条规定："起诉应当向人民法院递交起诉状，并按照被告人数提出副本。书写起诉状确有困难的，可以口头起诉，由人民法院记入笔录，并告知对方当事人。"

58. 因不正当竞争行为提起的民事诉讼，如何确定管辖法院？

答：《最高人民法院关于适用〈中华人民共和国反不正当竞争法〉若干问题的解释》第二十六条规定，因不正当竞争行为提起的民事诉讼，由侵权行为地或者被告住所地人民法院管辖。当事人主张仅以网络购买者可以任意选择的收货地作为侵权行为地的，人民法院不予支持。第二十七条规定，被诉不正当竞争行为发生在中华人民共和国领域外，但侵权结果发生在中华人民共和国领域内，当事人主张由该侵权结果发生地人民法院管辖的，人民法院应予支持。

59. 民事责任、行政责任和刑事责任竞合时如何处理？

答：根据《反不正当竞争法》第三十四条的规定，经营者违反本法规定，应当承担民事责任、行政责任和刑事责任，其财产不足以支付的，优先用于承担民事责任。

《民法典》第一百八十七条规定："民事主体因同一行为应当承担民事责任、行政责任和刑事责任的，承担行政责任或者刑事责任不影响承担民事责任；民事主体的财产不足以支付的，优先用于承担民事责任。"

60. 法院已经认定为其他形式侵权的行为，还能再被认定为不正当竞争侵权吗？

答：《最高人民法院关于适用〈中华人民共和国反不正当竞争法〉若干问题的解释》第二十四条规定，对于同一侵权人针对同一主体在同一时间和地域范围实施的侵权行为，人民法院已经认定侵害著作权、专利权或者注册商标专用权等并判令承担民事责任，当事人又以该行为构成不正当竞争为由请求同一侵权人承担民事责任的，人民法院不予支持。

61. 如何计算因不正当竞争行为受到损害的赔偿数额？

答：《反不正当竞争法》第二十二条第三款规定："因不正当竞争行为受到损害的经营者的赔偿数额，按照其因被侵权所受到的实际损失或者侵权人因侵权所获得的利益确定。经营者故意实施侵犯商业秘密行为，情节严重的，可以在按照上述方法确定数额的一倍以上五倍以下确定赔偿数额。赔偿数额还应当包括经营者为制止侵权行为所支付的合理开支。"

《最高人民法院关于适用〈中华人民共和国反不正当竞争法〉若干问题的解释》第二十三条规定，对于反不正当竞争法第二条、第八条、第十一条、第十二条（对应 2025 年《反不正当竞争法》第二条、第九条、第十二条、第十三条）

规定的不正当竞争行为，权利人因被侵权所受到的实际损失、侵权人因侵权所获得的利益难以确定，当事人主张依据反不正当竞争法第十七条第四款（对应 2025 年《反不正当竞争法》第二十二条第四款）确定赔偿数额的，人民法院应予支持。

62. 经营者违反《反不正当竞争法》第七条、第十条规定，权利人因被侵权所受到的实际损失、侵权人因侵权所获得的利益难以确定的，将承担什么责任？

答：《反不正当竞争法》第七条是对混淆行为的规定，第十条是对侵犯商业秘密行为的规定。《反不正当竞争法》第二十二条第四款规定："经营者违反本法第七条、第十条规定，权利人因被侵权所受到的实际损失、侵权人因侵权所获得的利益难以确定的，由人民法院根据侵权行为的情节判决给予权利人五百万元以下的赔偿。"

63. 经营者主动消除或者减轻危害后果，应如何处理？

答：根据《反不正当竞争法》第三十二条，经营者违反本法规定从事不正当竞争，有主动消除或者减轻违法行为危害后果等法定情形的，依法从轻或者减轻行政处罚；违法行为轻微并及时纠正，没有造成危害后果的，不予行政处罚。

《行政处罚法》第三十二条规定："当事人有下列情形

之一，应当从轻或者减轻行政处罚：（一）主动消除或者减轻违法行为危害后果的；（二）受他人胁迫或者诱骗实施违法行为的；（三）主动供述行政机关尚未掌握的违法行为的；（四）配合行政机关查处违法行为有立功表现的；（五）法律、法规、规章规定其他应当从轻或者减轻行政处罚的。"

64. 不正当竞争经营者受到处罚后，会影响其信用吗？

答：会。根据《反不正当竞争法》第三十三条的规定，经营者违反本法规定从事不正当竞争，受到行政处罚的，由监督检查部门记入信用记录，并依照有关法律、行政法规的规定予以公示。

《企业信息公示暂行条例》第六条规定："市场监督管理部门应当通过国家企业信用信息公示系统，公示其在履行职责过程中产生的下列企业信息：……（四）行政处罚信息……前款规定的企业信息应当自产生之日起 20 个工作日内予以公示。"

65. 从事不正当竞争行为，有没有可能构成犯罪，追究刑事责任？

答：有可能构成犯罪。《反不正当竞争法》第三十八条规定："违反本法规定，构成违反治安管理行为的，依法给予治安管理处罚；构成犯罪的，依法追究刑事责任。"

例如，《反不正当竞争法》第八条规定了经营者不得采用给予财物或者其他手段实施商业贿赂。《刑法》第一百六十四条规定："为谋取不正当利益，给予公司、企业或者其他单位的工作人员以财物，数额较大的，处三年以下有期徒刑或者拘役，并处罚金；数额巨大的，处三年以上十年以下有期徒刑，并处罚金。为谋取不正当商业利益，给予外国公职人员或者国际公共组织官员以财物的，依照前款的规定处罚。单位犯前两款罪的，对单位判处罚金，并对其直接负责的主管人员和其他直接责任人员，依照第一款的规定处罚。行贿人在被追诉前主动交待行贿行为的，可以减轻处罚或者免除处罚。"

再如，《反不正当竞争法》第三十七条规定，监督检查部门的工作人员滥用职权、玩忽职守、徇私舞弊或者泄露调查过程中知悉的商业秘密、个人隐私或者个人信息的，依法给予处分。《刑法》第三百九十七条规定："国家机关工作人员滥用职权或者玩忽职守，致使公共财产、国家和人民利益遭受重大损失的，处三年以下有期徒刑或者拘役；情节特别严重的，处三年以上七年以下有期徒刑。本法另有规定的，依照规定。国家机关工作人员徇私舞弊，犯前款罪的，处五年以下有期徒刑或者拘役；情节特别严重的，处五年以上十年以下有期徒刑。本法另有规定的，依照规定。"

第五章 附 则

66. 在境外实施不正当竞争行为会受到《反不正当竞争法》的规制吗？

答：根据《反不正当竞争法》第四十条的规定，在中华人民共和国境外实施本法规定的不正当竞争行为，扰乱境内市场竞争秩序，损害境内经营者或者消费者的合法权益的，依照本法以及有关法律的规定处理。

67. 2025 年新修订的《反不正当竞争法》从何时开始施行？

答：《立法法》第六十一条规定："法律应当明确规定施行日期。"《反不正当竞争法》第四十一条规定："本法自 2025 年 10 月 15 日起施行。"

第二部分　反不正当竞争实务学习问答

1. 互联网搜索引擎商的"竞价排名"服务属于不正当竞争吗?

答：属于。经营者购买互联网搜索引擎提供商的"竞价排名"服务，利用互联网搜索引擎的关键词搜索推广服务，擅自将他人商标或企业名称设置为自己的搜索关键词，将他人企业名称的搜索结果引入跳转至自家网站，造成公众混淆误认，可能导致归属于权利人的交易机会和合法权益受到损害，构成商标侵权或不正当竞争。[1]

相关规范

《反不正当竞争法》（2025年6月27日）[2]

第七条第二款　擅自将他人注册商标、未注册的驰名商

---

[1] 参见《广东高院发布互联网领域反不正当竞争与反垄断十大案例》，载广东省高级人民法院微信公众号，https：//mp.weixin.qq.com/s/-VJyv-FYC273_7-EjsBQa-w，2025年6月29日访问。

[2] 括号内日期为该文件的通过、发布、修改后公布日期之一，以下不再标注。

43

标作为企业名称中的字号使用，或者将他人商品名称、企业名称（包括简称、字号等）、注册商标、未注册的驰名商标等设置为搜索关键词，引人误认为是他人商品或者与他人存在特定联系的，属于前款规定的混淆行为。

2. 关键词隐性使用是否构成不正当竞争？

答：否。关键词隐性使用是指网络经营者虽将其他企业名称设置为搜索关键词，但其他企业网站仍出现在搜索结果的首位，该经营者所属网站出现在搜索结果的末位并明确标注"广告"字样，相关公众依其认知能力完全能够识别两者之间的不同。这种无需支付费用的"显示"已经保证了关键词指向的企业网站对于消费者的可见性，关键词指向的企业的合法权益未因此而受到损害。从消费者利益的角度来看，若允许选用他人商标、企业名称、域名等商业标识作为关键词，则能够帮助消费者获得更多的信息和选择的机会，降低其搜索成本。关键词隐性使用未剥夺消费者信息选择权。

通过使用他人企业名称作为搜索关键词，使用人能够借助搜索引擎的服务实时捕捉到哪些互联网用户在对竞争对手的商品或服务感兴趣，当这些消费者出现时，搜索引擎会即时地将使用人的网址链接呈现在这部分消费者面前。所以，在付费搜索广告服务提供商与广告商之间形成一种信息的交换，这是一种以"竞争对手的目标消费者群体的信息"为客体的交易，是一种帮助广告商定位到竞争对手的目标消费者群体的服务。这种关键词选用行为本身，是一种市场竞争的手段。在开放的竞争环境下,隐性关键词的使用方式符合现代销售和合法竞争的精神,该竞争行为并不违反诚实信用原则和公认的商业道德,不构成不正当竞争。①

相关规范

《反不正当竞争法》(2025年6月27日)

第七条第二款 擅自将他人注册商标、未注册的驰名商标作为企业名称中的字号使用,或者将他人商品名称、企业名称(包括简称、字号等)、注册商标、未注册的驰名商标等设置为搜索关键词,引人误认为是他人商品或者与他人存在特定联系的,属于前款规定的混淆行为。

3. 主播陪伴式"直播"(实为转播)其他直播平台的内容,属于不正当竞争行为吗?

答:属于。直播间转播其他平台的节目内容,以"嵌套"方式呈现,向用户提供主播陪伴式"直播"(实为转播),并借此牟利,是以"搭便车"为目的,通过实施不正当竞争行为获取不当的商业利益与竞争优势,构成不正当竞争,须承担相应的法律责任。该典型案例体现了人民法院坚持保护合法权益与激励创新并重的原则,为经营者划定行为

---

① 参见《浦东法院发布互联网不正当竞争典型案例》,载上海浦东法院微信公众号,https://mp.weixin.qq.com/s/EINn4rWQkHEGnQpLzyoZJQ,2025年6月29日访问。

界限，为直播行业等网络新业态、新模式的发展提供行为指引，加大对知识产权的司法保护力度，营造法治化营商环境。①

相关规范

《反不正当竞争法》（2025年6月27日）

第二条第二款 本法所称的不正当竞争行为，是指经营者在生产经营活动中，违反本法规定，扰乱市场竞争秩序，损害其他经营者或者消费者的合法权益的行为。

第七条第一款 经营者不得实施下列混淆行为，引人误认为是他人商品或者与他人存在特定联系：

……

（三）擅自使用他人有一定影响的域名主体部分、网站名称、网页、新媒体账号名称、应用程序名称或者图标等；

（四）其他足以引人误认为是他人商品或者与他人存在特定联系的混淆行为。

4. 截取电竞游戏客户端的旁观者观战画面进行直播，是否侵犯电竞赛事独家视频转播权？

答：是。即使直播画面来源于电竞游戏客户端对外公开的旁观者观战功能，而非享有独家视频转播权的游戏经营者

---

① 参见《人民法院反不正当竞争典型案例》，载最高人民法院网站，https：//www.court.gov.cn/zixun/xiangqing/379711.html，2025年6月27日访问。

的播放视频,也可能被认定为侵犯独家视频转播权,这是因为,电子竞技网络游戏进入市场领域后具有商品属性,游戏经营者经授权,取得了电竞赛事的独家视频转播权。独家视频转播权承载着游戏经营者可能借此获得的商誉、经济利益,这种财产性的民事利益应当受到法律保护。[①]

相关规范

《反不正当竞争法》(2025年6月27日)

第二条第二款 本法所称的不正当竞争行为,是指经营者在生产经营活动中,违反本法规定,扰乱市场竞争秩序,损害其他经营者或者消费者的合法权益的行为。

5. 绕开公平对战手游的防沉迷系统组织商业代练,是否构成不正当竞争?

答:是。公平对战手游通过特定的公平匹配机制,根据游戏行为数据分析评价的竞技水平,使用户获得公平竞技的游戏体验,以此吸引并积累用户,最终获得游戏收益,形成竞争优势。同时,手游落实国家关于未成年人防沉迷的要求,以此获得的良好商誉。

商业代练机构通过发放佣金的形式引诱包括未成年人在

[①] 参见《浦东法院发布互联网不正当竞争典型案例》,载上海浦东法院微信公众号,https://mp.weixin.qq.com/s/EINn4rWQkHEGnQpLzyoZJQ,2025年6月29日访问。

47

内的用户进行商业化的游戏代练交易。接单者可以非真实身份登录游戏，未成年人亦可接单，获得他人的游戏账号绕开防沉迷系统进入游戏。从而，公平竞技的游戏体验、防沉迷系统的保护机制均落空，手游运营商合规运营和社会责任承担的良好商誉受到质疑，妨碍手游的运营秩序，不利于网络生态治理和未成年人权益保护，损害社会公共利益。因此，绕开防沉迷系统及破坏手游运营机制的商业代练行为构成不正当竞争。①

相关规范

《反不正当竞争法》（2025年6月27日）

第二条第二款 本法所称的不正当竞争行为，是指经营者在生产经营活动中，违反本法规定，扰乱市场竞争秩序，损害其他经营者或者消费者的合法权益的行为。

第十三条第二款 经营者不得利用数据和算法、技术、平台规则等，通过影响用户选择或者其他方式，实施下列妨碍、破坏其他经营者合法提供的网络产品或者服务正常运行的行为：

……

（四）其他妨碍、破坏其他经营者合法提供的网络产品或者服务正常运行的行为。

---

① 参见《2023年人民法院反垄断和反不正当竞争典型案例》，载最高人民法院网站，https://www.court.gov.cn/zixun/xiangqing/411732.html，2025年6月29日访问。

6. 为什么说游戏代练机构违反商业道德？

答：就网络游戏领域而言，其商业伦理主要涉及如下三个维度：通过禁止出借游戏账号及禁止商业代练保障竞技公平；通过游戏管理机制承担社会责任；通过设置数据使用行为边界保障数据清洁性和安全性。游戏代练机构将游戏代练行为商业化、规模化，将游戏运营商具有竞争性权益的网络游戏作为获利工具，违反诚实信用原则和公认的商业道德。游戏代练机构明确要求接单者关闭定位以避免封号等处罚措施，刻意规避游戏运营商的游戏监管机制，反映了代练机构的主观恶意。游戏运营商无法通过游戏系统后台监测，自行予以规制，从而不合理增加游戏运营商的运营成本。至此，市场自发的调节机制失灵，法律具有干预的必要性。所以说，游戏代练机构违反诚实信用原则和商业道德，具有不正当性。[①]

相关规范

《反不正当竞争法》（2025 年 6 月 27 日）

第二条第一款 经营者在生产经营活动中，应当遵循自愿、平等、公平、诚信的原则，遵守法律和商业道德，公平参与市场竞争。

《最高人民法院关于适用〈中华人民共和国反不正当竞争法〉若干问题的解释》（2022 年 3 月 16 日）

第三条 特定商业领域普遍遵循和认可的行为规范，人民

---

① 参见人民法院案例库案例，入库编号：2024-09-2-488-001。

法院可以认定为反不正当竞争法第二条规定的"商业道德"。

人民法院应当结合案件具体情况，综合考虑行业规则或者商业惯例、经营者的主观状态、交易相对人的选择意愿、对消费者权益、市场竞争秩序、社会公共利益的影响等因素，依法判断经营者是否违反商业道德。

人民法院认定经营者是否违反商业道德时，可以参考行业主管部门、行业协会或者自律组织制定的从业规范、技术规范、自律公约等。

7. AR 探索类网游"外挂"是否构成不正当竞争？

答：是。在网络游戏的生态链条中，以游戏"外挂"为代表的黑灰产业严重影响网络游戏的用户体验，给游戏的正常运行带来负面影响。AR（Augmented Reality，增强现实）探索类网游利用手机即时定位系统，通过 AR 功能抓捕目标物，完成游戏对战、展示等诸多功能。

"外挂"即虚拟定位插件，通过改变手机操作环境，"欺骗"AR 探索类网游的定位系统，使游戏玩家无需实际位移，即可通过虚拟定位插件迅速变换地理位置抓取目标物，严重破坏了游戏的公平性，构成不正当竞争。[1]

---

[1] 参见《浦东法院发布互联网不正当竞争典型案例》，载上海浦东法院微信公众号，https：//mp.weixin.qq.com/s/EINn4rWQkHEGnQpLzyoZJQ，2025 年 6 月 29 日访问。

相 关 规 范

《反不正当竞争法》（2025年6月27日）

第二条第二款 本法所称的不正当竞争行为，是指经营者在生产经营活动中，违反本法规定，扰乱市场竞争秩序，损害其他经营者或者消费者的合法权益的行为。

8. 合法取得的游戏币，在第三方交易平台进行交易，是否对游戏运营商构成不正当竞争？

答：须区分游戏币是由游戏活动产出而得，还是由充值取得。前者不构成不正当竞争，后者将引发赌博、洗钱等风险。

作为游戏基础规则的一部分，游戏币被允许和鼓励相互转让。游戏用户在转让游戏币时，该游戏币在出让人的账号中消失，并在受让人的账号中出现。同时，游戏币类似于种类物，不管通过何种方式获取，只要用户发出使用游戏币的请求，游戏中央服务器都会响应而实现该游戏币所对应的功能，故在游戏之外，游戏用户也可进行交易并实施完全交付，无需运营商的积极配合。在没有法律法规明确禁止交易的情况下，游戏币应能成为交易的客体。第三方交易平台对于游戏用户合法取得的游戏币，提供交易服务，不具有不正当性，不构成不正当竞争。

此外，并非所有合法取得的游戏币，游戏用户都能够进行交易。比如，用户的游戏币不是在游戏内通过击杀怪物、完成任务、通关副本等游戏活动获取，而是为充值所得，且在游戏内禁止交易，那么，若允许此类游戏币在游戏外交易，则可能导致赌博、洗钱等风险。特别是在一些棋牌类游戏中，游戏币主要通过人民币购买，在游戏中禁止反向兑换成人民币，如果允许此类游戏币交易，则会导致游戏币被反向兑换成人民币的结果，使单纯的游戏变为赌博。①

相关规范

《民法典》（2020年5月28日）

第一百二十七条　法律对数据、网络虚拟财产的保护有规定的，依照其规定。

《反不正当竞争法》（2025年6月27日）

第二条第二款　本法所称的不正当竞争行为，是指经营者在生产经营活动中，违反本法规定，扰乱市场竞争秩序，损害其他经营者或者消费者的合法权益的行为。

第二十二条第一款　经营者违反本法规定，给他人造成损害的，应当依法承担民事责任。

《计算机信息系统安全保护条例》（2011年1月8日）

第七条　任何组织或者个人，不得利用计算机信息系统从事危害国家利益、集体利益和公民合法利益的活动，不得危害计算机信息系统的安全。

---

① 参见人民法院案例库，入库编号：2024-09-2-488-006。

9. 行业组织（协会）在反不正当竞争工作中如何发挥作用？

答：行业协会既有促进行业发展和市场竞争，维护消费者合法权益的功能，又有促成和便利相关企业实施不正当竞争行为的可能性和风险。例如，行业协会利用行业特性所产生的区域影响力，以行业自律之名，制订"工作方案""会员公约""统一收费标准"等，要求全体会员单位不得降价或变相降价，或者集体同步统一涨价且较大幅度涨价。因此，行业协会应当加强行业自律、引导行业依法竞争和合规经营。[①]

相关规范

《反不正当竞争法》（2025年6月27日）

第六条第三款 行业组织应当加强行业自律，引导、规范本行业的经营者依法竞争，维护市场竞争秩序。

10. 主持微博话题讨论、召开新闻发布会进行商业诋毁，应如何规制？

答：将未定论的状态作为已定论的事实进行宣传散布，

[①] 参见《最高法发布人民法院反垄断和反不正当竞争典型案例》，载最高人民法院微信公众号，https://mp.weixin.qq.com/s/82S5fjmyc6ouQNpqhs6oeA，2025年6月29日访问。

主持微博话题讨论、召开新闻发布会等形式明示或暗示他人侵权，损害他人的商业信誉，构成商业诋毁。人民法院可判决消除影响、赔偿损失，并立即停止传播、编造虚假信息或误导性信息的行为（立即删除相应平台发布的内容）。如果推诿执行、消极执行，可处以罚款。①

相关规范

《反不正当竞争法》（2025年6月27日）

第十二条 经营者不得编造、传播或者指使他人编造、传播虚假信息或者误导性信息，损害其他经营者的商业信誉、商品声誉。

第二十八条 经营者违反本法第十二条规定损害其他经营者商业信誉、商品声誉的，由监督检查部门责令停止违法行为、消除影响，处十万元以上一百万元以下的罚款；情节严重的，处一百万元以上五百万元以下的罚款。

11. 认定电影作品名称的知名度属于"有一定影响"，应从哪些方面考虑？

答：如果电影作品名称在我国内地具有较高知名度，则构成有一定影响的商品名称。他人未经许可使用该电影作品名称，则构成擅自使用有一定影响的商品名称及虚假宣传的

---

① 参见《人民法院反不正当竞争典型案例》，载最高人民法院网站，https://www.court.gov.cn/zixun/xiangqing/379711.html，2025年6月29日访问。

不正当竞争行为。判断电影作品名称知名度是否属于"有一定影响",须全面审查了其在影院上映期间的票房收入、宣传力度的相关证据,还要充分考虑电影从院线下架后的线上播放量、光盘销售量,相关媒体对于电影持续报道、推介程度等因素,从而制止电影市场竞争中的利用他人电影作品名称进行仿冒混淆和虚假宣传的"搭便车"行为。[①]

相关规范

《反不正当竞争法》(2025 年 6 月 27 日)

第七条第一款 经营者不得实施下列混淆行为,引人误认为是他人商品或者与他人存在特定联系:

(一)擅自使用与他人有一定影响的商品名称、包装、装潢等相同或者近似的标识;

(二)擅自使用他人有一定影响的名称(包括简称、字号等)、姓名(包括笔名、艺名、网名、译名等);

(三)擅自使用他人有一定影响的域名主体部分、网站名称、网页、新媒体账号名称、应用程序名称或者图标等;

(四)其他足以引人误认为是他人商品或者与他人存在特定联系的混淆行为。

第九条第一款 经营者不得对其商品的性能、功能、质量、销售状况、用户评价、曾获荣誉等作虚假或者引人误解的商业宣传,欺骗、误导消费者和其他经营者。

---

① 参见《人民法院反不正当竞争典型案例》,载最高人民法院网站,https://www.court.gov.cn/zixun/xiangqing/379711.html,2025 年 6 月 29 日访问。

12. 利用"App 唤醒策略"进行强制跳转，是否属于不正当竞争？

答：属于新型网络不正当竞争。"App 唤醒策略"是指通过设置 URL Scheme（统一资源定位符协议），实现从第三方应用软件跳转至目标应用软件的目的。URL Scheme 用于在移动设备上实现应用间的跳转和数据传递，其核心功能包括打开特定应用、跳转到应用内指定页面以及传递参数。侵权 App 利用"App 唤醒策略"对其他 App 的正常跳转进行干扰，通过设定与其他 App 相同的 URL Scheme，使用户在第三方应用内选择"其他 App"时被强制跳转至该侵权 App，由此增加了该侵权 App 的用户访问量，减损了"其他 App"本应获取的运营收益和流量利益。[①]

相 关 规 范

《反不正当竞争法》（2025 年 6 月 27 日）

第十三条第二款 经营者不得利用数据和算法、技术、平台规则等，通过影响用户选择或者其他方式，实施下列妨碍、破坏其他经营者合法提供的网络产品或者服务正常运行的行为：

（一）未经其他经营者同意，在其合法提供的网络产品

---

① 参加《浦东法院发布互联网不正当竞争典型案例》，载上海浦东法院微信公众号，https：//mp.weixin.qq.com/s/EINn4rWQkHEGnQpLzyoZJQ，2025年6月29日访问。

或者服务中,插入链接、强制进行目标跳转;

(二)误导、欺骗、强迫用户修改、关闭、卸载其他经营者合法提供的网络产品或者服务;

(三)恶意对其他经营者合法提供的网络产品或者服务实施不兼容;

(四)其他妨碍、破坏其他经营者合法提供的网络产品或者服务正常运行的行为。

13. 网络抢购服务行为应如何认定?

答:稀缺网络销售产品因供不应求,消费者须频频刷新网页进行抢购。例如,抢票、抢金融产品、抢限量限定周边等。由此衍生许多"代抢"软件,用户通过安装运行该软件,无需关注和刷新相关网页,即可根据预设条件实现自动抢购,并先于手动抢购的用户完成交易。这些"代抢"服务,利用技术手段为用户提供不正当的抢购优势,违反既有的抢购规则并刻意绕过监管措施,对营商环境造成严重破坏,应认定构成不正当竞争。[1]

相关规范

《**反不正当竞争法**》(2025年6月27日)

第二条第二款 本法所称的不正当竞争行为,是指经营

---

[1] 参见《人民法院反垄断和反不正当竞争典型案例》,载最高人民法院网站,https://www.court.gov.cn/zixun/xiangqing/324491.html,2025年6月29日访问。

者在生产经营活动中，违反本法规定，扰乱市场竞争秩序，损害其他经营者或者消费者的合法权益的行为。

14. 购物助手超越合理限度进行运作，是保障了用户的知情权和选择权，还是破坏了网购平台的用户粘性？

答：在"用户为王"的互联网竞争中，培养"用户粘性"是获得竞争优势的关键。竞争的本质是对客户即交易对象的争夺，在互联网行业，将网络用户吸引到自己的网站是经营者开展经营活动的基础，培养用户粘性是获得竞争优势的关键。某些购物助手所采用的商业模式虽然解决了网购信息不对称的消费者需求，看似使用了中立的技术手段，保障了用户的知情权和选择权，但如果超越合理限度对原购物网站经营者造成损害，破坏原购物网站的用户粘性，具有可归责性，违反诚实信用原则和公认的商业道德，则构成不正当竞争。①

相关规范

《反不正当竞争法》（2025 年 6 月 27 日）

第二条第一款 经营者在生产经营活动中，应当遵循自愿、平等、公平、诚信的原则，遵守法律和商业道德，公平

---

① 参见《浦东法院发布互联网不正当竞争典型案例》，载上海浦东法院微信公众号，https：//mp.weixin.qq.com/s/EINn4rWQkHEGnQpLzyoZJQ，2025年6月29日访问。

参与市场竞争。

《民法典》（2020年5月28日）

第七条　民事主体从事民事活动，应当遵循诚信原则，秉持诚实，恪守承诺。

15. 不以销售为前提的微信抽奖活动，适用"有奖销售"的规定吗？

答：适用。微信公众号举办抽奖活动的常见形式是个人填写信息参加抽奖，如果转发朋友圈邀请他人报名还可获得额外抽奖机会，但存在兑奖宣传页面未明确奖品的价格、品牌等具体信息，消费者对奖品实际价格认知产生分歧，奖品实物与公众号发布的图片不一致且差距较大等问题。这类微信抽奖活动，虽不以消费为前提，但目的在于扩大公司知名度，宣传商品或服务，发掘潜在客户、获取更大利润，实质上是一种以截取流量、获取竞争优势为目的的有奖销售活动。适用"有奖销售"的规定对这类行为进行规制，有利于建立诚实信用、公平有序的互联网服务市场秩序。[①]

相关规范

《反不正当竞争法》（2025年6月27日）

第十一条　经营者进行有奖销售不得存在下列情形：

---

① 参见《人民法院反不正当竞争典型案例》，载最高人民法院网站，https://www.court.gov.cn/zixun/xiangqing/379711.html，2025年6月29日访问。

(一)所设奖的种类、兑奖条件、奖金金额或者奖品等有奖销售信息不明确,影响兑奖;

……

16. "雇佣点击/诱导点击"帮助微信公众号运营主体提升访问量,该如何定性?

答:微信公众号平台业务运营包括内容服务和广告服务,通过在微信公众号文章内容中投放广告,将用户访问流量转化为现实经济利益,给予发布热门文章的公众号主体一定比例的利益分成,以激励其继续生成优质文章内容。

上述微信公众号平台业务的运营机制与收益机制,衍生出了组织、帮助微信公众号运营主体进行广告刷量的不法交易平台,这些不法交易平台通过"雇佣点击/诱导点击"广告刷量行为虚假提升公众号文章内容的访问量,以骗取广告分成、干扰微信公众号平台流量数据,从中赚取微信平台的广告分成与刷量成本之间的差价牟利。此类广告刷量行为痕迹隐蔽,导致大量无效流量滋生,并破坏微信平台业已建立的广告投放模式和公众号优质内容激励机制,侵害了微信用户、广告商、微信公众号平台运营商等市场主体的合法权益,破坏了公平的市场竞争秩序,应当给予《反不正当竞争法》上的否定评价。通过虚假宣传条款对该类行为进行规制,有助于营造真实、高效的互联网营商环境,确保互联网经济健康发展。①

相关规范

《反不正当竞争法》（2025年6月27日）

第九条 经营者不得对其商品的性能、功能、质量、销售状况、用户评价、曾获荣誉等作虚假或者引人误解的商业宣传，欺骗、误导消费者和其他经营者。

经营者不得通过组织虚假交易、虚假评价等方式，帮助其他经营者进行虚假或者引人误解的商业宣传。

第十三条第四款 经营者不得滥用平台规则，直接或者指使他人对其他经营者实施虚假交易、虚假评价或者恶意退货等行为，损害其他经营者的合法权益，扰乱市场竞争秩序。

17. 发放红包诱使虚假点赞、打分、点评、收藏，是否属于不正当竞争？

答：是。互联网生活服务平台常见的诱导好评行为主要表现为，对店铺进行打分与文字点评，显示在店铺主页且所有用户可见，以发放红包、赠送礼品等方式诱使消费者对特定商家进行虚假点赞、打分、点评、收藏，导致商户评价与消费者实际评价不符，造成平台内展示的商户数据失真，影

---

① 参见《浦东法院发布互联网不正当竞争典型案例》，载上海浦东法院微信公众号，https：//mp.weixin.qq.com/s/EINn4rWQkHEGnQpLzyoZJQ，2025年6月29日访问。

响平台的信用体系，造成虚假的宣传效果扰乱平台内商户的竞争秩序，构成不正当竞争行为。打击互联网环境下虚假宣传行为，保护经营者和消费者的合法权益，维护和促进网络生态健康发展，促进形成崇尚、保护和促进公平竞争的市场环境。[1]

相关规范

《反不正当竞争法》（2025 年 6 月 27 日）

第九条　经营者不得对其商品的性能、功能、质量、销售状况、用户评价、曾获荣誉等作虚假或者引人误解的商业宣传，欺骗、误导消费者和其他经营者。

经营者不得通过组织虚假交易、虚假评价等方式，帮助其他经营者进行虚假或者引人误解的商业宣传。

《广告法》（2021 年 4 月 29 日）

第二十八条　广告以虚假或者引人误解的内容欺骗、误导消费者的，构成虚假广告。

广告有下列情形之一的，为虚假广告：

（一）商品或者服务不存在的；

（二）商品的性能、功能、产地、用途、质量、规格、成分、价格、生产者、有效期限、销售状况、曾获荣誉等信息，或者服务的内容、提供者、形式、质量、价格、销售状况、曾获荣誉等信息，以及与商品或者服务有关的允

---

[1] 参见《人民法院反不正当竞争典型案例》，载最高人民法院网站，https：//www.court.gov.cn/zixun/xiangqing/379711.html，2025 年 6 月 29 日访问。

诺等信息与实际情况不符,对购买行为有实质性影响的;

(三)使用虚构、伪造或者无法验证的科研成果、统计资料、调查结果、文摘、引用语等信息作证明材料的;

(四)虚构使用商品或者接受服务的效果的;

(五)以虚假或者引人误解的内容欺骗、误导消费者的其他情形。

18. 在短视频平台组织刷量、制造虚假流量的行为应如何认定?

答:互联网短视频平台算法的推荐机制系基于视频完播率、评论数、点赞数、分享数、直播间人气、用户粉丝数等若干指标设计的算法程序,依赖于用户对视频、直播等的真实反馈从而实现智能推送。互联网短视频平台对以视频播放量、直播间人气及平台用户粉丝数为代表的数据整体,享有合法权益,其就短视频运营及开发利用该数据资源,而获得的商业价值及竞争利益,应受到保护。"刷量"机构有偿发布"任务","接任务者"伪装成正常用户,完成对短视频的关注、观看、点赞、评论,由此人工制造虚假点击量和关注数量,干扰了平台流量分配机制,属于不正当竞争行为。[1]

---

[1] 参见《最高人民法院发布反垄断和反不正当竞争典型案例》,载中国法院网,https://www.chinacourt.org/article/detail/2024/09/id/8109726.shtml,2025年6月29日访问。

相关规范

《反不正当竞争法》（2025 年 6 月 27 日）

第九条第二款　经营者不得通过组织虚假交易、虚假评价等方式，帮助其他经营者进行虚假或者引人误解的商业宣传。

19. 为什么视频网站 VIP 账号分时出租是不正当竞争行为？

答：网络视频行业的新商业模式是用户支付相应对价成为 VIP 会员，享受跳过广告和观看 VIP 视频等会员特权。不法商家将 VIP 账号进行分时出租，使用户无须购买官方 VIP 账号即可享受 VIP 特权。这样的行为妨碍了网络视频平台合法提供的网络服务的正常运行，主观恶意明显。这类行为虽然运用网络新技术向社会提供新产品，但并非基于促进行业新发展的需求，而是为了在短期内牟取不正当利益，快速攫取收益。这类行为必然影响原创内容的创新动力，从长远来看，也将逐步降低市场活力，破坏竞争秩序和机制，阻碍网络视频市场的正常、有序发展，并最终造成消费者合法权益的减损，具有不正当性，构成不正当竞争。[1]

---

[1] 参见《人民法院反垄断和反不正当竞争典型案例》，载最高人民法院网站，https://www.court.gov.cn/zixun/xiangqing/324491.html，2025 年 6 月 29 日访问。

相关规范

《反不正当竞争法》（2025年6月27日）

第二条第二款 本法所称的不正当竞争行为，是指经营者在生产经营活动中，违反本法规定，扰乱市场竞争秩序，损害其他经营者或者消费者的合法权益的行为。

20. 浏览器内置屏蔽广告技术，是否属于技术中立？

答：否。浏览器屏蔽视频广告是社会关注度极高的互联网竞争行为。网络用户通过非经权利方授权的浏览器内置功能，可以实现默认拦截屏蔽视频网站片头广告及暂停广告、会员免广告的功能。这类技术不属于技术中立，违反诚实信用原则和公认的商业道德，扰乱社会经济秩序，构成不正当竞争。[①]

相关规范

《反不正当竞争法》（2025年6月27日）

第二条第一款 经营者在生产经营活动中，应当遵循自愿、平等、公平、诚信的原则，遵守法律和商业道德，公平参与市场竞争。

《民法典》（2020年5月28日）

第七条 民事主体从事民事活动，应当遵循诚信原则，

---

① 参见《人民法院反垄断和反不正当竞争典型案例》，载最高人民法院网站，https://www.court.gov.cn/zixun/xiangqing/324491.html，2025年6月29日访问。

秉持诚实，恪守承诺。

21. 安全类软件恶意篡改浏览器主页的行为，该如何认定？

答：在"流量为王"的时代，流量已经成为互联网企业的核心竞争力。而争夺用户流量的首选渠道就是占据更多的浏览器主页。安全类软件在计算机系统中拥有优先权限，安全类软件经营者对该种特权的运用应当审慎，对终端用户的干预行为应以"实现功能所必需"为前提。安全类软件以保障计算机系统安全为名，或完全未告知用户，或通过虚假弹窗、恐吓弹窗等方式擅自变更或诱导用户变更其浏览器主页，劫持他人流量，不仅损害了其他经营者的合法权益，也侵害了用户的知情权与选择权，有违诚实信用原则和公认的商业道德。因此，恶意篡改用户浏览器主页、劫持流量的行为构成不正当竞争。①

相关规范

《反不正当竞争法》（2025 年 6 月 27 日）

第十三条第二款 经营者不得利用数据和算法、技术、平台规则等，通过影响用户选择或者其他方式，实施下列妨碍、破坏其他经营者合法提供的网络产品或者服务正常运行的行为：

---

① 参见《浦东法院发布互联网不正当竞争典型案例》，载上海浦东法院微信公众号，https://mp.weixin.qq.com/s/EINn4rWQkHEGnQpLzyoZJQ，2025 年 6 月 29 日访问。

（一）未经其他经营者同意，在其合法提供的网络产品或者服务中，插入链接、强制进行目标跳转；

（二）误导、欺骗、强迫用户修改、关闭、卸载其他经营者合法提供的网络产品或者服务；

（三）恶意对其他经营者合法提供的网络产品或者服务实施不兼容；

（四）其他妨碍、破坏其他经营者合法提供的网络产品或者服务正常运行的行为。

22. 如何区分仿冒混淆行为与商标侵权行为？

答：区分认定仿冒混淆行为与商标侵权行为，须依据案件具体情况作出判断。如果某个侵权行为使用了他人有一定影响的商品名称及包装高度近似，商品类别相同，且使用了其他经营者的企业名称，导致相关公众误认为该商品来源于其他经营者或者与其他经营者存在特定联系，则应认定为仿冒混淆行为，适用《反不正当竞争法》。[①]

相 关 规 范

《反不正当竞争法》（2025年6月27日）

第七条第一款 经营者不得实施下列混淆行为，引人误认为是他人商品或者与他人存在特定联系：

---

① 参见《人民法院反不正当竞争典型案例》，载最高人民法院网站，https://www.court.gov.cn/zixun/xiangqing/379711.html，2025年6月29日访问。

(一) 擅自使用与他人有一定影响的商品名称、包装、装潢等相同或者近似的标识；

(二) 擅自使用他人有一定影响的名称（包括简称、字号等）、姓名（包括笔名、艺名、网名、译名等）；

(三) 擅自使用他人有一定影响的域名主体部分、网站名称、网页、新媒体账号名称、应用程序名称或者图标等；

(四) 其他足以引人误认为是他人商品或者与他人存在特定联系的混淆行为。

《商标法》（2019年4月23日）

第五十七条 有下列行为之一的，均属侵犯注册商标专用权：

(一) 未经商标注册人的许可，在同一种商品上使用与其注册商标相同的商标的；

(二) 未经商标注册人的许可，在同一种商品上使用与其注册商标近似的商标，或者在类似商品上使用与其注册商标相同或者近似的商标，容易导致混淆的；

(三) 销售侵犯注册商标专用权的商品的；

......

第五十八条 将他人注册商标、未注册的驰名商标作为企业名称中的字号使用，误导公众，构成不正当竞争行为的，依照《中华人民共和国反不正当竞争法》处理。

23. 使用他人的商标和企业名称如何认定？

答：经营者使用与他人有一定影响的商标相同的商标，

商品类别和名称也与他人相同，外包装高度近似，且标注了他人的企业名称，容易导致相关公众误认为该商品来源于其他经营者或者与其他经营者存在特定联系，可认定为《反不正当竞争法》第七条规定的混淆行为。①

相关规范

《反不正当竞争法》（2025年6月27日）

第七条第一款 经营者不得实施下列混淆行为，引人误认为是他人商品或者与他人存在特定联系：

（一）擅自使用与他人有一定影响的商品名称、包装、装潢等相同或者近似的标识；

（二）擅自使用他人有一定影响的名称（包括简称、字号等）、姓名（包括笔名、艺名、网名、译名等）；

（三）擅自使用他人有一定影响的域名主体部分、网站名称、网页、新媒体账号名称、应用程序名称或者图标等；

（四）其他足以引人误认为是他人商品或者与他人存在特定联系的混淆行为。

24. 广告宣传可以涉及疾病治疗功能吗？

答：经营者应对广告宣传内容的真实性承担审查注意义

---

① 参见《最高法发布人民法院反垄断和反不正当竞争典型案例》，载最高人民法院微信公众号，https://mp.weixin.qq.com/s/82S5fjmyc60uQNpqhs6oeA，2025年7月1日访问。

务,除医疗、药品、医疗器械广告外,不得在任何广告涉及疾病治疗功能。如果宣传广告中记载的商品性能、功能、质量、销售状况、用户评价、曾获荣誉等不真实、不客观,与商品本身不相匹配,含有虚假或者引人误解的内容欺骗、误导消费者的,构成虚假广告。①

相关规范

《反不正当竞争法》(2025年6月27日)

第九条 经营者不得对其商品的性能、功能、质量、销售状况、用户评价、曾获荣誉等作虚假或者引人误解的商业宣传,欺骗、误导消费者和其他经营者。

经营者不得通过组织虚假交易、虚假评价等方式,帮助其他经营者进行虚假或者引人误解的商业宣传。

《广告法》(2021年4月29日)

第十七条 除医疗、药品、医疗器械广告外,禁止其他任何广告涉及疾病治疗功能,并不得使用医疗用语或者易使推销的商品与药品、医疗器械相混淆的用语。

第二十八条 广告以虚假或者引人误解的内容欺骗、误导消费者的,构成虚假广告。

广告有下列情形之一的,为虚假广告:

(一) 商品或者服务不存在的;

(二) 商品的性能、功能、产地、用途、质量、规格、成分、价格、生产者、有效期限、销售状况、曾获荣誉等信

---

① 参见人民法院案例库,入库编号:2024-12-3-001-034。

息,或者服务的内容、提供者、形式、质量、价格、销售状况、曾获荣誉等信息,以及与商品或者服务有关的允诺等信息与实际情况不符,对购买行为有实质性影响的;

(三)使用虚构、伪造或者无法验证的科研成果、统计资料、调查结果、文摘、引用语等信息作证明材料的;

(四)虚构使用商品或者接受服务的效果的;

(五)以虚假或者引人误解的内容欺骗、误导消费者的其他情形。

25. 约定的技术保密期限届满,还要履行保密义务吗?

答:约定的技术保密期限届满后,虽然约定的保密义务终止,但仍需承担不得侵害他人合法权益的消极不作为义务,以及基于诚实信用原则而产生的合同约定的保密期限届满后的附随保密义务。[①]

相关规范

《反不正当竞争法》(2025年6月27日)

第十条第一款 经营者不得实施下列侵犯商业秘密的行为:

(一)以盗窃、贿赂、欺诈、胁迫、电子侵入或者其他不正当手段获取权利人的商业秘密;

---

① 参见《人民法院反不正当竞争典型案例》,载最高人民法院网站,https://www.court.gov.cn/zixun/xiangqing/379711.html,2025年6月29日访问。

（二）披露、使用或者允许他人使用以前项手段获取的权利人的商业秘密；

（三）违反保密义务或者违反权利人有关保守商业秘密的要求，披露、使用或者允许他人使用其所掌握的商业秘密；

（四）教唆、引诱、帮助他人违反保密义务或者违反权利人有关保守商业秘密的要求，获取、披露、使用或者允许他人使用权利人的商业秘密。

《民法典》（2020 年 5 月 28 日）

第三条 民事主体的人身权利、财产权利以及其他合法权益受法律保护，任何组织或者个人不得侵犯。

第七条 民事主体从事民事活动，应当遵循诚信原则，秉持诚实，恪守承诺。

第五百零九条第二款 当事人应当遵循诚信原则，根据合同的性质、目的和交易习惯履行通知、协助、保密等义务。

第八百六十四条 技术转让合同和技术许可合同可以约定实施专利或者使用技术秘密的范围，但是不得限制技术竞争和技术发展。

第八百七十一条 技术转让合同的受让人和技术许可合同的被许可人应当按照约定的范围和期限，对让与人、许可人提供的技术中尚未公开的秘密部分，承担保密义务。

26. "挖人才"式侵害技术秘密行为的判断要点是什么？

答：有组织、有计划地以不正当手段大规模挖取技术人才及技术资源，离职技术人才利用在原单位接触、掌握的应用技术以及零部件图纸等技术信息，为现单位谋取不正当利益，引发技术秘密的侵害。这种以不正当手段获取技术秘密，以申请专利的方式非法披露、使用技术秘密的行为，具有明显侵权故意，构成侵害技术秘密行为，须承担相应的法律责任。[1]

相关规范

《反不正当竞争法》（2025年6月27日）

第十条第一款 经营者不得实施下列侵犯商业秘密的行为：

……

（三）违反保密义务或者违反权利人有关保守商业秘密的要求，披露、使用或者允许他人使用其所掌握的商业秘密；

……

27. 员工离职后披露技术秘密，诉讼周期较长，如何保全诉讼过程中技术秘密不被再次披露？

答：人民法院可裁定相关被告人在生效判决作出前不得披露、使用、允许他人使用涉案技术信息，即采取临时行为保全措施，可有效降低涉案技术秘密再次被非法披露、使用

---

[1] 参见《最高人民法院发布反垄断和反不正当竞争典型案例》，载中国法院网，https://www.chinacourt.org/article/detail/2024/09/id/8109726.shtml，2025年6月29日访问。

的风险。①

相关规范

《民事诉讼法》(2023年9月1日)

第一百零三条 人民法院对于可能因当事人一方的行为或者其他原因,使判决难以执行或者造成当事人其他损害的案件,根据对方当事人的申请,可以裁定对其财产进行保全、责令其作出一定行为或者禁止其作出一定行为;当事人没有提出申请的,人民法院在必要时也可以裁定采取保全措施。

人民法院采取保全措施,可以责令申请人提供担保,申请人不提供担保的,裁定驳回申请。

人民法院接受申请后,对情况紧急的,必须在四十八小时内作出裁定;裁定采取保全措施的,应当立即开始执行。

28. 离职高管披露和使用原公司的客户名单,属于侵犯原公司的商业秘密吗?

答:应考虑客户名单商业秘密领先优势的可能持续时间。客户名单,涉及客户需求种类、报价原则等交易习惯、意向的深度信息,是公司在市场竞争中的核心资源。在工作中接触该信息的人员,特别是高级管理人员,理应知晓相关

---

① 参见《人民法院反不正当竞争典型案例》,载最高人民法院网站,https://www.court.gov.cn/zixun/xiangqing/379711.html,2025年6月29日访问。

客户信息应属秘密信息，更应基于诚信原则对商业秘密负有保密义务。

客户名单中所包含的客户交易习惯、意向、价格等信息，他人亦可以通过花费时间和投入等正当手段从公共领域合法获得。禁止侵害该商业秘密的核心在于禁止侵权人利用该商业秘密作为"跳板"，节省以正当方式获取该经营秘密信息所应付出的时间、金钱成本，损害权利人的竞争优势。因此，认定离职高管披露和使用原公司的客户名单，是否属于侵犯原公司的商业秘密，应考虑客户名单商业秘密领先优势的可能持续时间。如果离职高管已经离开原公司较长时间，随着时间的推移和市场供需关系的变化，客户名单信息的价值和带来的竞争优势已经明显减弱甚至消失，使用该客户名单不属于侵犯原公司的商业秘密。[1]

相关规范

《反不正当竞争法》（2025年6月27日）

第十条 经营者不得实施下列侵犯商业秘密的行为：

（一）以盗窃、贿赂、欺诈、胁迫、电子侵入或者其他不正当手段获取权利人的商业秘密；

（二）披露、使用或者允许他人使用以前项手段获取的权利人的商业秘密；

（三）违反保密义务或者违反权利人有关保守商业秘密的要求，披露、使用或者允许他人使用其所掌握的商业秘密；

---

[1] 参见人民法院案例库，入库编号：2024-13-2-176-003。

（四）教唆、引诱、帮助他人违反保密义务或者违反权利人有关保守商业秘密的要求，获取、披露、使用或者允许他人使用权利人的商业秘密。

经营者以外的其他自然人、法人和非法人组织实施前款所列违法行为的，视为侵犯商业秘密。

第三人明知或者应知商业秘密权利人的员工、前员工或者其他单位、个人实施本条第一款所列违法行为，仍获取、披露、使用或者允许他人使用该商业秘密的，视为侵犯商业秘密。

本法所称的商业秘密，是指不为公众所知悉、具有商业价值并经权利人采取相应保密措施的技术信息、经营信息等商业信息。

《最高人民法院关于审理侵犯商业秘密民事案件适用法律若干问题的规定》（2020年9月10日）

第一条 与技术有关的结构、原料、组分、配方、材料、样品、样式、植物新品种繁殖材料、工艺、方法或其步骤、算法、数据、计算机程序及其有关文档等信息，人民法院可以认定构成反不正当竞争法第九条第四款所称的技术信息。

与经营活动有关的创意、管理、销售、财务、计划、样本、招投标材料、客户信息、数据等信息，人民法院可以认定构成反不正当竞争法第九条第四款所称的经营信息。

前款所称的客户信息，包括客户的名称、地址、联系方式以及交易习惯、意向、内容等信息。

第五条 权利人为防止商业秘密泄露，在被诉侵权行为发生以前所采取的合理保密措施,人民法院应当认定为反不正当竞争法第九条第四款所称的相应保密措施。

人民法院应当根据商业秘密及其载体的性质、商业秘密的商业价值、保密措施的可识别程度、保密措施与商业秘密的对应程度以及权利人的保密意愿等因素,认定权利人是否采取了相应保密措施。

第十条 当事人根据法律规定或者合同约定所承担的保密义务,人民法院应当认定属于反不正当竞争法第九条第一款所称的保密义务。

当事人未在合同中约定保密义务,但根据诚信原则以及合同的性质、目的、缔约过程、交易习惯等,被诉侵权人知道或者应当知道其获取的信息属于权利人的商业秘密的,人民法院应当认定被诉侵权人对其获取的商业秘密承担保密义务。

第十七条 人民法院对于侵犯商业秘密行为判决停止侵害的民事责任时,停止侵害的时间一般应当持续到该商业秘密已为公众所知悉时为止。

依照前款规定判决停止侵害的时间明显不合理的,人民法院可以在依法保护权利人的商业秘密竞争优势的情况下,判决侵权人在一定期限或者范围内停止使用该商业秘密。

29. 从不为公众所知的工艺规程、质量标准等技术资料中提炼出的技术方案,是否作为技术秘密予以保护?

答:是。技术秘密通常体现在图纸、工艺规程、质量标准、操作指南、实验数据等技术资料中，权利人为证明其技术秘密的存在及其内容，通常会在体现上述技术秘密的载体文件基础上，总结、概括、提炼其需要保护的技术秘密信息，其技术秘密既可以是完整的技术方案，也可以是构成技术方案的部分技术信息。权利人在从其技术资料等载体中总结、概括、提炼秘密信息时，应当允许将其具有秘密性的信息结合现有技术及公知常识形成一个完整的技术方案请求保护。技术秘密具有不为公众所知悉的特征。构成技术秘密的技术方案可以是在多份不同技术文件中记载的不为公众所知悉的技术信息的基础上加以合理总结、概括与提炼的技术方案。权利人从其不为公众所知的工艺规程、质量控制标准等技术文件中合理提炼出的技术方案，只要不为社会公众普遍知悉和容易获得，即可作为技术秘密予以保护。[①]

相关规范

《反不正当竞争法》（2025年6月27日）

第十条第四款 本法所称的商业秘密，是指不为公众所知悉、具有商业价值并经权利人采取相应保密措施的技术信息、经营信息等商业信息。

[①] 参见《2023年人民法院反垄断和反不正当竞争典型案例》，载最高人民法院网站，https://www.court.gov.cn/zixun/xiangqing/411732.html，2025年6月29日访问。

30. 侵害商业秘密的举证责任是如何分配的？

答：如果侵权人基于其在先实施的侵害商业秘密行为，已非法获取和使用了商业秘密，权利人提交的证据可以初步证明被诉侵权人有再次实施行为，而被诉侵权人不能提交足以反驳的证据的，可以认定权利人有关被诉侵权人继续实施侵害商业秘密行为的主张成立。[1]

相关规范

《反不正当竞争法》（2025年6月27日）

第三十九条 在侵犯商业秘密的民事审判程序中，商业秘密权利人提供初步证据，证明其已经对所主张的商业秘密采取保密措施，且合理表明商业秘密被侵犯，涉嫌侵权人应当证明权利人所主张的商业秘密不属于本法规定的商业秘密。

商业秘密权利人提供初步证据合理表明商业秘密被侵犯，且提供以下证据之一的，涉嫌侵权人应当证明其不存在侵犯商业秘密的行为：

（一）有证据表明涉嫌侵权人有渠道或者机会获取商业秘密，且其使用的信息与该商业秘密实质上相同；

（二）有证据表明商业秘密已经被涉嫌侵权人披露、使用或者有被披露、使用的风险；

（三）有其他证据表明商业秘密被涉嫌侵权人侵犯。

---

[1] 参见人民法院案例库，入库编号：2025-13-2-176-001。

31. 商业秘密"刑民并行"案件该如何处理？

答：同一个案件事实，既涉嫌商业秘密犯罪，又涉及技术秘密许可使用合同纠纷，二者法律关系不同，法院应将与本案有牵连，但与本案不是同一法律关系的犯罪嫌疑线索、材料移送公安机关，但也应继续审理本案所涉技术秘密许可使用合同纠纷。[①]

相关规范

《民法典》（2020年5月28日）

第八百六十三条　技术转让合同包括专利权转让、专利申请权转让、技术秘密转让等合同。

技术许可合同包括专利实施许可、技术秘密使用许可等合同。

技术转让合同和技术许可合同应当采用书面形式。

《最高人民法院关于在审理经济纠纷案件中涉及经济犯罪嫌疑若干问题的规定》（2020年12月29日）

第十条　人民法院在审理经济纠纷案件中，发现与本案有牵连，但与本案不是同一法律关系的经济犯罪嫌疑线索、材料，应将犯罪嫌疑线索、材料移送有关公安机关或检察机关查处，经济纠纷案件继续审理。

[①] 参见《人民法院反垄断和反不正当竞争典型案例》，载最高人民法院网站，https：//www.court.gov.cn/zixun/xiangqing/324491.html，2025年6月29日访问。

32. 作为数据使用主体的数据平台对外发布的数据有误，是否构成对数据原始主体的不正当竞争？

答：是。数据的对外呈现，直接关系到数据原始主体的市场竞争地位，具有竞争权益。

作为数据使用主体的数据平台，负有数据质量保证义务。如果对外发布的数据出现质量问题，会造成数据原始主体竞争权益的增加或减损，同时也会损害数据消费者基于其合理信赖所产生的利益。

作为数据使用主体的数据平台，负有接收投诉与核查义务。在接到数据准确性问题的投诉及相关证明材料后，有义务对相关数据进行核查并更新，采取合理措施纠正错误数据。

错误的数据必然带来数据消费主体对数据原始主体经营状况的错误判断，进而对其市场竞争权益产生损害，并损害数据消费者的知情权与正常的市场竞争秩序。因此，作为数据使用主体的数据平台发布错误数据的行为构成不正当竞争。[1]

相关规范

《反不正当竞争法》（2025年6月27日）

第二条第二款 本法所称的不正当竞争行为，是指经营

---

[1] 参见《最高人民法院发布反垄断和反不正当竞争典型案例》，载中国法院网，https://www.chinacourt.org/article/detail/2024/09/id/8109726.shtml，2025年6月29日访问。

者在生产经营活动中,违反本法规定,扰乱市场竞争秩序,损害其他经营者或者消费者的合法权益的行为。

第十三条第三款 经营者不得以欺诈、胁迫、避开或者破坏技术管理措施等不正当方式,获取、使用其他经营者合法持有的数据,损害其他经营者的合法权益,扰乱市场竞争秩序。

33. 非独创性数据集合形成的竞争优势,适用《著作权法》还是《反不正当竞争法》的规定?

答:常见的数据抓取行为是指采用技术手段或人工方式获取来源于其他网络经营者的文件、用户信息、评论内容等。此类文件、用户信息、评论内容构成网络经营者的数据集合。该数据集合以非独创性方式呈现,内容能够单独检索,具有独立价值。网络经营者通过合法经营,投入巨大的人力、物力、财力,收集、存储、加工、传输数据,形成了包括用户个人信息、用户评论在内的非独创性数据集合。该数据集合的规模集聚效应,能够为网络经营者带来巨大的经济利益,在市场竞争中形成竞争优势。如果采取不正当手段抓取他人的非独创性数据集合的实质性内容,攫取他人的竞争资源,削弱他人的竞争优势,将会损害消费者利益,破坏市场竞争秩序。

在互联网和大数据时代,数据已经成为一种重要的生产资料。随着数据产业与数据交易的发展,企业之间因数据收集、处理、利用而产生的法律纠纷日益增多。非独创性数据集合的法律性质，须明确区分《著作权法》保护的权利与《反不正当竞争法》的法益范畴。非独创性数据集合形成的竞争性利益，并未在《著作权法》或者其他知识产权专门法中予以规定，应当属于《反不正当竞争法》保护的合法权益，即保护网络经营者收集、存储、加工、传输数据形成的合法权益，对数据抓取行为进行规制。[①]

相关规范

《反不正当竞争法》（2025年6月27日）

第十三条第三款 经营者不得以欺诈、胁迫、避开或者破坏技术管理措施等不正当方式，获取、使用其他经营者合法持有的数据，损害其他经营者的合法权益，扰乱市场竞争秩序。

34. "群控软件"擅自收集微信用户数据，是否构成不正当竞争？

答：是。购买"群控软件"的微信用户在其个人微信平台中开展商业营销、商业管理活动，实现自动批量化操作，提高自身管理和运营效率。数据作为数字经济的关键生产要素已成为市场激烈竞争的重要资源，这类"群控软件"擅自

---

① 参见《2023年人民法院反垄断和反不正当竞争典型案例》，载最高人民法院网站，https：//www.court.gov.cn/zixun/xiangqing/411732.html，2025年6月29日访问。

83

获取、使用微信数据，危及微信产品数据安全，违反了相关法律规定及商业道德，构成不正当竞争行为。①

相关规范

《**反不正当竞争法**》（2025 年 6 月 27 日）

第十三条第三款 经营者不得以欺诈、胁迫、避开或者破坏技术管理措施等不正当方式，获取、使用其他经营者合法持有的数据，损害其他经营者的合法权益，扰乱市场竞争秩序。

35. 不违反 robots 协议抓取数据并使用，是否构成不正当竞争？

答：是。互联网搜索引擎通过 robots 协议（爬虫协议）来识别网页页面是否允许被抓取，故 robots 协议只涉及抓取网站信息的行为是否合法，不能解决抓取网站信息后的使用行为是否合法的问题。搜索引擎抓取其他网络经营者的数据资源，虽未违反 robots 协议，但这并不意味着搜索引擎可以任意使用抓取来的信息，仍应当本着诚实信用的原则和公认的商业道德，合理控制来源于其他网站信息的使用范围和方式。

---

① 参见《人民法院反垄断和反不正当竞争典型案例》，载最高人民法院网站，https：//www.court.gov.cn/zixun/xiangqing/324491.html，2025 年 6 月 29 日访问。

对数据抓取并使用的市场竞争行为是否具有不正当性的判断，应当综合考虑被抓取数据是否具有商业价值，能否给经营者带来竞争优势，请求救济方获取信息的正当性、难易程度和成本付出，竞争对手使用信息的范围和方式，是否违反了公认的商业道德和诚实信用原则等因素加以评判。[①]

相关规范

《**反不正当竞争法**》（2025年6月27日）

第十三条第三款 经营者不得以欺诈、胁迫、避开或者破坏技术管理措施等不正当方式，获取、使用其他经营者合法持有的数据，损害其他经营者的合法权益，扰乱市场竞争秩序。

36. 利用爬虫技术非法获取可自由访问的数据，是否构成不正当竞争？

答：是。存储于权利人App后台服务器的信息数据，因具有实用性，并能够为权利人带来现实或潜在、当下或将来的经济利益。该信息数据虽可自由访问，但已经具备无形财产的属性，应当属于受《反不正当竞争法》保护的法益。获取数据的方式须以不违背权利人意志的合法方式获取，即应

[①] 参见《浦东法院发布互联网不正当竞争典型案例》，载上海浦东法院微信公众号，https：//mp.weixin.qq.com/s/EINn4rWQkHEGnQpLzyoZJQ，2025年6月29日访问。

当通过下载权利人 App 或者登录权利人网站等方式来查询，而非利用网络爬虫技术进入权利人的服务器后台非法获取。

相关规范

《**反不正当竞争法**》（2025 年 6 月 27 日）

第二条第二款　本法所称的不正当竞争行为，是指经营者在生产经营活动中，违反本法规定，扰乱市场竞争秩序，损害其他经营者或者消费者的合法权益的行为。

第三部分 附 录

中华人民共和国反不正当竞争法

（1993年9月2日第八届全国人民代表大会常务委员会第三次会议通过 2017年11月4日第十二届全国人民代表大会常务委员会第三十次会议第一次修订 根据2019年4月23日第十三届全国人民代表大会常务委员会第十次会议《关于修改〈中华人民共和国建筑法〉等八部法律的决定》修正 2025年6月27日第十四届全国人民代表大会常务委员会第十六次会议第二次修订 2025年6月27日中华人民共和国主席令第50号公布 自2025年10月15日起施行）

目 录

第一章 总 则
第二章 不正当竞争行为
第三章 对涉嫌不正当竞争行为的调查
第四章 法律责任
第五章 附 则

第一章 总 则

第一条 为了促进社会主义市场经济健康发展，鼓励和保护公平竞争，预防和制止不正当竞争行为，保护经营者和消费者的合法权益，制定本法。

第二条 经营者在生产经营活动中，应当遵循自愿、平等、公平、诚信的原则，遵守法律和商业道德，公平参与市场竞争。

本法所称的不正当竞争行为，是指经营者在生产经营活动中，违反本法规定，扰乱市场竞争秩序，损害其他经营者或者消费者的合法权益的行为。

本法所称的经营者，是指从事商品生产、经营或者提供服务（以下所称商品包括服务）的自然人、法人和非法人组织。

第三条 反不正当竞争工作坚持中国共产党的领导。

国家健全完善反不正当竞争规则制度，加强反不正当竞争执法司法，维护市场竞争秩序，健全统一、开放、竞争、有序的市场体系。

国家建立健全公平竞争审查制度，依法加强公平竞争审查工作，保障各类经营者依法平等使用生产要素、公平参与市场竞争。

第四条 各级人民政府应当采取措施，预防和制止不正当竞争行为，为公平竞争创造良好的环境和条件。

国务院建立健全反不正当竞争工作协调机制，协调处理维护市场竞争秩序的重大问题。

第五条 县级以上人民政府履行市场监督管理职责的部门对不正当竞争行为进行监督检查；法律、行政法规规定由其他部门监督检查的，依照其规定。

第六条 国家鼓励、支持和保护一切组织和个人对不正当竞争行为进行社会监督。

国家机关及其工作人员不得支持、包庇不正当竞争行为。

行业组织应当加强行业自律，引导、规范本行业的经营者依法竞争，维护市场竞争秩序。

第二章　不正当竞争行为

第七条　经营者不得实施下列混淆行为，引人误认为是他人商品或者与他人存在特定联系：

（一）擅自使用与他人有一定影响的商品名称、包装、装潢等相同或者近似的标识；

（二）擅自使用他人有一定影响的名称（包括简称、字号等）、姓名（包括笔名、艺名、网名、译名等）；

（三）擅自使用他人有一定影响的域名主体部分、网站名称、网页、新媒体账号名称、应用程序名称或者图标等；

（四）其他足以引人误认为是他人商品或者与他人存在特定联系的混淆行为。

擅自将他人注册商标、未注册的驰名商标作为企业名称中的字号使用，或者将他人商品名称、企业名称（包括简称、字号等）、注册商标、未注册的驰名商标等设置为搜索关键词，引人误认为是他人商品或者与他人存在特定联系的，属于前款规定的混淆行为。

经营者不得帮助他人实施混淆行为。

第八条　经营者不得采用给予财物或者其他手段贿赂下列单位或者个人，以谋取交易机会或者竞争优势：

（一）交易相对方的工作人员；

（二）受交易相对方委托办理相关事务的单位或者个人；

（三）利用职权或者影响力影响交易的单位或者个人。

前款规定的单位和个人不得收受贿赂。

经营者在交易活动中，可以以明示方式向交易相对方支付折扣，或者向中间人支付佣金。经营者向交易相对方支付折扣、向中间人支付佣金的，应当如实入账。接受折扣、佣金的经营者也应当如实入账。

经营者的工作人员进行贿赂的，应当认定为经营者的行为；但是，经营者有证据证明该工作人员的行为与为经营者谋取交易机会或者竞争优势无关的除外。

第九条 经营者不得对其商品的性能、功能、质量、销售状况、用户评价、曾获荣誉等作虚假或者引人误解的商业宣传，欺骗、误导消费者和其他经营者。

经营者不得通过组织虚假交易、虚假评价等方式，帮助其他经营者进行虚假或者引人误解的商业宣传。

第十条 经营者不得实施下列侵犯商业秘密的行为：

（一）以盗窃、贿赂、欺诈、胁迫、电子侵入或者其他不正当手段获取权利人的商业秘密；

（二）披露、使用或者允许他人使用以前项手段获取的权利人的商业秘密；

（三）违反保密义务或者违反权利人有关保守商业秘密的要求，披露、使用或者允许他人使用其所掌握的商业秘密；

（四）教唆、引诱、帮助他人违反保密义务或者违反权利人有关保守商业秘密的要求，获取、披露、使用或者允许他人使用权利人的商业秘密。

经营者以外的其他自然人、法人和非法人组织实施前款所列违法行为的，视为侵犯商业秘密。

第三人明知或者应知商业秘密权利人的员工、前员工或者其他单位、个人实施本条第一款所列违法行为，仍获取、披露、使用或者允许他人使用该商业秘密的,视为侵犯商业秘密。

本法所称的商业秘密,是指不为公众所知悉、具有商业价值并经权利人采取相应保密措施的技术信息、经营信息等商业信息。

第十一条 经营者进行有奖销售不得存在下列情形:

(一)所设奖的种类、兑奖条件、奖金金额或者奖品等有奖销售信息不明确,影响兑奖;

(二)有奖销售活动开始后,无正当理由变更所设奖的种类、兑奖条件、奖金金额或者奖品等有奖销售信息;

(三)采用谎称有奖或者故意让内定人员中奖等欺骗方式进行有奖销售;

(四)抽奖式的有奖销售,最高奖的金额超过五万元。

第十二条 经营者不得编造、传播或者指使他人编造、传播虚假信息或者误导性信息,损害其他经营者的商业信誉、商品声誉。

第十三条 经营者利用网络从事生产经营活动,应当遵守本法的各项规定。

经营者不得利用数据和算法、技术、平台规则等,通过影响用户选择或者其他方式,实施下列妨碍、破坏其他经营者合法提供的网络产品或者服务正常运行的行为:

(一)未经其他经营者同意,在其合法提供的网络产品或者服务中,插入链接、强制进行目标跳转;

(二)误导、欺骗、强迫用户修改、关闭、卸载其他经营者合法提供的网络产品或者服务;

(三)恶意对其他经营者合法提供的网络产品或者服务实施不兼容;

(四)其他妨碍、破坏其他经营者合法提供的网络产品或者服务正常运行的行为。

经营者不得以欺诈、胁迫、避开或者破坏技术管理措施等不正当方式，获取、使用其他经营者合法持有的数据，损害其他经营者的合法权益，扰乱市场竞争秩序。

经营者不得滥用平台规则，直接或者指使他人对其他经营者实施虚假交易、虚假评价或者恶意退货等行为，损害其他经营者的合法权益，扰乱市场竞争秩序。

第十四条 平台经营者不得强制或者变相强制平台内经营者按照其定价规则，以低于成本的价格销售商品，扰乱市场竞争秩序。

第十五条 大型企业等经营者不得滥用自身资金、技术、交易渠道、行业影响力等方面的优势地位，要求中小企业接受明显不合理的付款期限、方式、条件和违约责任等交易条件，拖欠中小企业的货物、工程、服务等账款。

第三章 对涉嫌不正当竞争行为的调查

第十六条 监督检查部门调查涉嫌不正当竞争行为，可以采取下列措施：

（一）进入涉嫌不正当竞争行为的经营场所进行检查；

（二）询问被调查的经营者、利害关系人及其他有关单位、个人，要求其说明有关情况或者提供与被调查行为有关的其他资料；

（三）查询、复制与涉嫌不正当竞争行为有关的协议、账簿、单据、文件、记录、业务函电和其他资料；

（四）查封、扣押与涉嫌不正当竞争行为有关的财物；

（五）查询涉嫌不正当竞争行为的经营者的银行账户。

采取前款规定的措施，应当向监督检查部门主要负责人书面报告，并经批准。采取前款第四项、第五项规定的措施，应当向设区的市级以上人民政府监督检查部门主要负责人书面报告，并经批准。

监督检查部门调查涉嫌不正当竞争行为，应当遵守《中华人民共和国行政强制法》和其他有关法律、行政法规的规定，并应当依法将查处结果及时向社会公开。

第十七条　监督检查部门调查涉嫌不正当竞争行为，被调查的经营者、利害关系人及其他有关单位、个人应当如实提供有关资料或者情况。

第十八条　经营者涉嫌违反本法规定的，监督检查部门可以对其有关负责人进行约谈，要求其说明情况、提出改进措施。

第十九条　监督检查部门及其工作人员对调查过程中知悉的商业秘密、个人隐私和个人信息依法负有保密义务。

第二十条　对涉嫌不正当竞争行为，任何单位和个人有权向监督检查部门举报，监督检查部门接到举报后应当依法及时处理。

监督检查部门应当向社会公开受理举报的电话、信箱或者电子邮件地址，并为举报人保密。对实名举报并提供相关事实和证据的，监督检查部门应当将处理结果及时告知举报人。

第二十一条　平台经营者应当在平台服务协议和交易规则中明确平台内公平竞争规则，建立不正当竞争举报投诉和纠纷处置机制，引导、规范平台内经营者依法公平竞争；发现平台内经营者实施不正当竞争行为的，应当及时依法采取必要的处置措施，保存有关记录，并按规定向平台经营者住所地县级以上人民政府监督检查部门报告。

第四章　法律责任

第二十二条　经营者违反本法规定，给他人造成损害的，应当依法承担民事责任。

经营者的合法权益受到不正当竞争行为损害的，可以向人民法院提起诉讼。

因不正当竞争行为受到损害的经营者的赔偿数额，按照其因被侵权所受到的实际损失或者侵权人因侵权所获得的利益确定。经营者故意实施侵犯商业秘密行为，情节严重的，可以在按照上述方法确定数额的一倍以上五倍以下确定赔偿数额。赔偿数额还应当包括经营者为制止侵权行为所支付的合理开支。

经营者违反本法第七条、第十条规定，权利人因被侵权所受到的实际损失、侵权人因侵权所获得的利益难以确定的，由人民法院根据侵权行为的情节判决给予权利人五百万元以下的赔偿。

第二十三条 经营者违反本法第七条规定实施混淆行为或者帮助他人实施混淆行为的，由监督检查部门责令停止违法行为，没收违法商品。违法经营额五万元以上的，可以并处违法经营额五倍以下的罚款；没有违法经营额或者违法经营额不足五万元的，可以并处二十五万元以下的罚款；情节严重的，并处吊销营业执照。

销售本法第七条规定的违法商品的，依照前款规定予以处罚；销售者不知道其销售的商品属于违法商品，能证明该商品是自己合法取得并说明提供者的，由监督检查部门责令停止销售，不予行政处罚。

经营者登记的名称违反本法第七条规定的，应当及时办理名称变更登记；名称变更前，由登记机关以统一社会信用代码代替其名称。

第二十四条 有关单位违反本法第八条规定贿赂他人或者收受贿赂的，由监督检查部门没收违法所得，处十万元以上一百万元以下的罚款；情节严重的，处一百万元以上五百万元以下的罚款，可以并处吊销营业执照。

经营者的法定代表人、主要负责人和直接责任人员对实施贿赂负有个人责任，以及有关个人收受贿赂的，由监督检查部门没收违法所得，处一百万元以下的罚款。

第二十五条 经营者违反本法第九条规定对其商品作虚假或者引

人误解的商业宣传,或者通过组织虚假交易、虚假评价等方式帮助其他经营者进行虚假或者引人误解的商业宣传的,由监督检查部门责令停止违法行为,处一百万元以下的罚款;情节严重的,处一百万元以上二百万元以下的罚款,可以并处吊销营业执照。

经营者违反本法第九条规定,属于发布虚假广告的,依照《中华人民共和国广告法》的规定处罚。

第二十六条 经营者以及其他自然人、法人和非法人组织违反本法第十条规定侵犯商业秘密的,由监督检查部门责令停止违法行为,没收违法所得,处十万元以上一百万元以下的罚款;情节严重的,处一百万元以上五百万元以下的罚款。

第二十七条 经营者违反本法第十一条规定进行有奖销售的,由监督检查部门责令停止违法行为,处五万元以上五十万元以下的罚款。

第二十八条 经营者违反本法第十二条规定损害其他经营者商业信誉、商品声誉的,由监督检查部门责令停止违法行为、消除影响,处十万元以上一百万元以下的罚款;情节严重的,处一百万元以上五百万元以下的罚款。

第二十九条 经营者违反本法第十三条第二款、第三款、第四款规定利用网络从事不正当竞争的,由监督检查部门责令停止违法行为,处十万元以上一百万元以下的罚款;情节严重的,处一百万元以上五百万元以下的罚款。

第三十条 平台经营者违反本法第十四条规定强制或者变相强制平台内经营者以低于成本的价格销售商品的,由监督检查部门责令停止违法行为,处五万元以上五十万元以下的罚款;情节严重的,处五十万元以上二百万元以下的罚款。

第三十一条 经营者违反本法第十五条规定滥用自身优势地位的,由省级以上人民政府监督检查部门责令限期改正,逾期不改正的，处一百万元以下的罚款；情节严重的，处一百万元以上五百万元以下的罚款。

第三十二条 经营者违反本法规定从事不正当竞争，有主动消除或者减轻违法行为危害后果等法定情形的，依法从轻或者减轻行政处罚；违法行为轻微并及时纠正，没有造成危害后果的，不予行政处罚。

第三十三条 经营者违反本法规定从事不正当竞争，受到行政处罚的，由监督检查部门记入信用记录，并依照有关法律、行政法规的规定予以公示。

第三十四条 经营者违反本法规定，应当承担民事责任、行政责任和刑事责任，其财产不足以支付的，优先用于承担民事责任。

第三十五条 妨害监督检查部门依照本法履行职责，拒绝、阻碍调查的，由监督检查部门责令改正，对个人可以处一万元以下的罚款，对单位可以处十万元以下的罚款。

第三十六条 当事人对监督检查部门作出的决定不服的，可以依法申请行政复议或者提起行政诉讼。

第三十七条 监督检查部门的工作人员滥用职权、玩忽职守、徇私舞弊或者泄露调查过程中知悉的商业秘密、个人隐私或者个人信息的，依法给予处分。

第三十八条 违反本法规定，构成违反治安管理行为的，依法给予治安管理处罚；构成犯罪的，依法追究刑事责任。

第三十九条 在侵犯商业秘密的民事审判程序中，商业秘密权利人提供初步证据，证明其已经对所主张的商业秘密采取保密措施，且合理表明商业秘密被侵犯，涉嫌侵权人应当证明权利人所主张的商业秘密不属于本法规定的商业秘密。

商业秘密权利人提供初步证据合理表明商业秘密被侵犯，且提供以下证据之一的，涉嫌侵权人应当证明其不存在侵犯商业秘密的行为：

（一）有证据表明涉嫌侵权人有渠道或者机会获取商业秘密，且其使用的信息与该商业秘密实质上相同；

（二）有证据表明商业秘密已经被涉嫌侵权人披露、使用或者有被披露、使用的风险；

（三）有其他证据表明商业秘密被涉嫌侵权人侵犯。

第五章　附　　则

第四十条　在中华人民共和国境外实施本法规定的不正当竞争行为，扰乱境内市场竞争秩序，损害境内经营者或者消费者的合法权益的，依照本法以及有关法律的规定处理。

第四十一条　本法自 2025 年 10 月 15 日起施行。

中华人民共和国反垄断法

(2007年8月30日第十届全国人民代表大会常务委员会第二十九次会议通过 根据2022年6月24日第十三届全国人民代表大会常务委员会第三十五次会议《关于修改〈中华人民共和国反垄断法〉的决定》修正)

目 录

第一章 总　　则

第二章 垄断协议

第三章 滥用市场支配地位

第四章 经营者集中

第五章 滥用行政权力排除、限制竞争

第六章 对涉嫌垄断行为的调查

第七章 法律责任

第八章 附　　则

第一章 总　　则

第一条 为了预防和制止垄断行为，保护市场公平竞争，鼓励创新，提高经济运行效率，维护消费者利益和社会公共利益，促进社会主义市场经济健康发展，制定本法。

第二条 中华人民共和国境内经济活动中的垄断行为，适用本法；中华人民共和国境外的垄断行为，对境内市场竞争产生排除、限制影响的，适用本法。

第三条 本法规定的垄断行为包括：

（一）经营者达成垄断协议；

（二）经营者滥用市场支配地位；

（三）具有或者可能具有排除、限制竞争效果的经营者集中。

第四条 反垄断工作坚持中国共产党的领导。

国家坚持市场化、法治化原则，强化竞争政策基础地位，制定和实施与社会主义市场经济相适应的竞争规则，完善宏观调控，健全统一、开放、竞争、有序的市场体系。

第五条 国家建立健全公平竞争审查制度。

行政机关和法律、法规授权的具有管理公共事务职能的组织在制定涉及市场主体经济活动的规定时，应当进行公平竞争审查。

第六条 经营者可以通过公平竞争、自愿联合，依法实施集中，扩大经营规模，提高市场竞争能力。

第七条 具有市场支配地位的经营者，不得滥用市场支配地位，排除、限制竞争。

第八条 国有经济占控制地位的关系国民经济命脉和国家安全的行业以及依法实行专营专卖的行业，国家对其经营者的合法经营活动予以保护，并对经营者的经营行为及其商品和服务的价格依法实施监管和调控，维护消费者利益，促进技术进步。

前款规定行业的经营者应当依法经营，诚实守信，严格自律，接受社会公众的监督，不得利用其控制地位或者专营专卖地位损害消费者利益。

第九条 经营者不得利用数据和算法、技术、资本优势以及平台规则等从事本法禁止的垄断行为。

第十条 行政机关和法律、法规授权的具有管理公共事务职能的组织不得滥用行政权力,排除、限制竞争。

第十一条 国家健全完善反垄断规则制度,强化反垄断监管力量,提高监管能力和监管体系现代化水平,加强反垄断执法司法,依法公正高效审理垄断案件,健全行政执法和司法衔接机制,维护公平竞争秩序。

第十二条 国务院设立反垄断委员会,负责组织、协调、指导反垄断工作,履行下列职责:

(一)研究拟订有关竞争政策;

(二)组织调查、评估市场总体竞争状况,发布评估报告;

(三)制定、发布反垄断指南;

(四)协调反垄断行政执法工作;

(五)国务院规定的其他职责。

国务院反垄断委员会的组成和工作规则由国务院规定。

第十三条 国务院反垄断执法机构负责反垄断统一执法工作。

国务院反垄断执法机构根据工作需要,可以授权省、自治区、直辖市人民政府相应的机构,依照本法规定负责有关反垄断执法工作。

第十四条 行业协会应当加强行业自律,引导本行业的经营者依法竞争,合规经营,维护市场竞争秩序。

第十五条 本法所称经营者,是指从事商品生产、经营或者提供服务的自然人、法人和非法人组织。

本法所称相关市场,是指经营者在一定时期内就特定商品或者服务(以下统称商品)进行竞争的商品范围和地域范围。

第二章 垄 断 协 议

第十六条 本法所称垄断协议,是指排除、限制竞争的协议、决定或者其他协同行为。

第十七条 禁止具有竞争关系的经营者达成下列垄断协议：

（一）固定或者变更商品价格；

（二）限制商品的生产数量或者销售数量；

（三）分割销售市场或者原材料采购市场；

（四）限制购买新技术、新设备或者限制开发新技术、新产品；

（五）联合抵制交易；

（六）国务院反垄断执法机构认定的其他垄断协议。

第十八条 禁止经营者与交易相对人达成下列垄断协议：

（一）固定向第三人转售商品的价格；

（二）限定向第三人转售商品的最低价格；

（三）国务院反垄断执法机构认定的其他垄断协议。

对前款第一项和第二项规定的协议，经营者能够证明其不具有排除、限制竞争效果的，不予禁止。

经营者能够证明其在相关市场的市场份额低于国务院反垄断执法机构规定的标准，并符合国务院反垄断执法机构规定的其他条件的，不予禁止。

第十九条 经营者不得组织其他经营者达成垄断协议或者为其他经营者达成垄断协议提供实质性帮助。

第二十条 经营者能够证明所达成的协议属于下列情形之一的，不适用本法第十七条、第十八条第一款、第十九条的规定：

（一）为改进技术、研究开发新产品的；

（二）为提高产品质量、降低成本、增进效率，统一产品规格、标准或者实行专业化分工的；

（三）为提高中小经营者经营效率，增强中小经营者竞争力的；

（四）为实现节约能源、保护环境、救灾救助等社会公共利益的；

（五）因经济不景气，为缓解销售量严重下降或者生产明显过剩的；

（六）为保障对外贸易和对外经济合作中的正当利益的；

（七）法律和国务院规定的其他情形。

属于前款第一项至第五项情形，不适用本法第十七条、第十八条第一款、第十九条规定的，经营者还应当证明所达成的协议不会严重限制相关市场的竞争，并且能够使消费者分享由此产生的利益。

第二十一条　行业协会不得组织本行业的经营者从事本章禁止的垄断行为。

第三章　滥用市场支配地位

第二十二条　禁止具有市场支配地位的经营者从事下列滥用市场支配地位的行为：

（一）以不公平的高价销售商品或者以不公平的低价购买商品；

（二）没有正当理由，以低于成本的价格销售商品；

（三）没有正当理由，拒绝与交易相对人进行交易；

（四）没有正当理由，限定交易相对人只能与其进行交易或者只能与其指定的经营者进行交易；

（五）没有正当理由搭售商品，或者在交易时附加其他不合理的交易条件；

（六）没有正当理由，对条件相同的交易相对人在交易价格等交易条件上实行差别待遇；

（七）国务院反垄断执法机构认定的其他滥用市场支配地位的行为。

具有市场支配地位的经营者不得利用数据和算法、技术以及平台规则等从事前款规定的滥用市场支配地位的行为。

本法所称市场支配地位，是指经营者在相关市场内具有能够控制商品价格、数量或者其他交易条件，或者能够阻碍、影响其他经营者进入相关市场能力的市场地位。

第二十三条 认定经营者具有市场支配地位，应当依据下列因素：

（一）该经营者在相关市场的市场份额，以及相关市场的竞争状况；

（二）该经营者控制销售市场或者原材料采购市场的能力；

（三）该经营者的财力和技术条件；

（四）其他经营者对该经营者在交易上的依赖程度；

（五）其他经营者进入相关市场的难易程度；

（六）与认定该经营者市场支配地位有关的其他因素。

第二十四条 有下列情形之一的，可以推定经营者具有市场支配地位：

（一）一个经营者在相关市场的市场份额达到二分之一的；

（二）两个经营者在相关市场的市场份额合计达到三分之二的；

（三）三个经营者在相关市场的市场份额合计达到四分之三的。

有前款第二项、第三项规定的情形，其中有的经营者市场份额不足十分之一的，不应当推定该经营者具有市场支配地位。

被推定具有市场支配地位的经营者，有证据证明不具有市场支配地位的，不应当认定其具有市场支配地位。

第四章 经营者集中

第二十五条 经营者集中是指下列情形：

（一）经营者合并；

（二）经营者通过取得股权或者资产的方式取得对其他经营者的控制权；

（三）经营者通过合同等方式取得对其他经营者的控制权或者能

够对其他经营者施加决定性影响。

第二十六条 经营者集中达到国务院规定的申报标准的，经营者应当事先向国务院反垄断执法机构申报，未申报的不得实施集中。

经营者集中未达到国务院规定的申报标准，但有证据证明该经营者集中具有或者可能具有排除、限制竞争效果的，国务院反垄断执法机构可以要求经营者申报。

经营者未依照前两款规定进行申报的，国务院反垄断执法机构应当依法进行调查。

第二十七条 经营者集中有下列情形之一的，可以不向国务院反垄断执法机构申报：

（一）参与集中的一个经营者拥有其他每个经营者百分之五十以上有表决权的股份或者资产的；

（二）参与集中的每个经营者百分之五十以上有表决权的股份或者资产被同一个未参与集中的经营者拥有的。

第二十八条 经营者向国务院反垄断执法机构申报集中，应当提交下列文件、资料：

（一）申报书；

（二）集中对相关市场竞争状况影响的说明；

（三）集中协议；

（四）参与集中的经营者经会计师事务所审计的上一会计年度财务会计报告；

（五）国务院反垄断执法机构规定的其他文件、资料。

申报书应当载明参与集中的经营者的名称、住所、经营范围、预定实施集中的日期和国务院反垄断执法机构规定的其他事项。

第二十九条 经营者提交的文件、资料不完备的，应当在国务院反垄断执法机构规定的期限内补交文件、资料。经营者逾期未补交文件、资料的，视为未申报。

第三十条 国务院反垄断执法机构应当自收到经营者提交的符合本法第二十八条规定的文件、资料之日起三十日内，对申报的经营者集中进行初步审查，作出是否实施进一步审查的决定，并书面通知经营者。国务院反垄断执法机构作出决定前，经营者不得实施集中。

国务院反垄断执法机构作出不实施进一步审查的决定或者逾期未作出决定的，经营者可以实施集中。

第三十一条 国务院反垄断执法机构决定实施进一步审查的，应当自决定之日起九十日内审查完毕，作出是否禁止经营者集中的决定，并书面通知经营者。作出禁止经营者集中的决定，应当说明理由。审查期间，经营者不得实施集中。

有下列情形之一的，国务院反垄断执法机构经书面通知经营者，可以延长前款规定的审查期限，但最长不得超过六十日：

（一）经营者同意延长审查期限的；

（二）经营者提交的文件、资料不准确，需要进一步核实的；

（三）经营者申报后有关情况发生重大变化的。

国务院反垄断执法机构逾期未作出决定的，经营者可以实施集中。

第三十二条 有下列情形之一的，国务院反垄断执法机构可以决定中止计算经营者集中的审查期限，并书面通知经营者：

（一）经营者未按照规定提交文件、资料，导致审查工作无法进行；

（二）出现对经营者集中审查具有重大影响的新情况、新事实，不经核实将导致审查工作无法进行；

（三）需要对经营者集中附加的限制性条件进一步评估，且经营者提出中止请求。

自中止计算审查期限的情形消除之日起，审查期限继续计算，国务院反垄断执法机构应当书面通知经营者。

第三十三条 审查经营者集中，应当考虑下列因素：

（一）参与集中的经营者在相关市场的市场份额及其对市场的控制力；

（二）相关市场的市场集中度；

（三）经营者集中对市场进入、技术进步的影响；

（四）经营者集中对消费者和其他有关经营者的影响；

（五）经营者集中对国民经济发展的影响；

（六）国务院反垄断执法机构认为应当考虑的影响市场竞争的其他因素。

第三十四条 经营者集中具有或者可能具有排除、限制竞争效果的，国务院反垄断执法机构应当作出禁止经营者集中的决定。但是，经营者能够证明该集中对竞争产生的有利影响明显大于不利影响，或者符合社会公共利益的，国务院反垄断执法机构可以作出对经营者集中不予禁止的决定。

第三十五条 对不予禁止的经营者集中，国务院反垄断执法机构可以决定附加减少集中对竞争产生不利影响的限制性条件。

第三十六条 国务院反垄断执法机构应当将禁止经营者集中的决定或者对经营者集中附加限制性条件的决定，及时向社会公布。

第三十七条 国务院反垄断执法机构应当健全经营者集中分类分级审查制度，依法加强对涉及国计民生等重要领域的经营者集中的审查，提高审查质量和效率。

第三十八条 对外资并购境内企业或者以其他方式参与经营者集中，涉及国家安全的，除依照本法规定进行经营者集中审查外，还应当按照国家有关规定进行国家安全审查。

第五章 滥用行政权力排除、限制竞争

第三十九条 行政机关和法律、法规授权的具有管理公共事务职

能的组织不得滥用行政权力，限定或者变相限定单位或者个人经营、购买、使用其指定的经营者提供的商品。

第四十条 行政机关和法律、法规授权的具有管理公共事务职能的组织不得滥用行政权力，通过与经营者签订合作协议、备忘录等方式，妨碍其他经营者进入相关市场或者对其他经营者实行不平等待遇，排除、限制竞争。

第四十一条 行政机关和法律、法规授权的具有管理公共事务职能的组织不得滥用行政权力，实施下列行为，妨碍商品在地区之间的自由流通：

（一）对外地商品设定歧视性收费项目、实行歧视性收费标准，或者规定歧视性价格；

（二）对外地商品规定与本地同类商品不同的技术要求、检验标准，或者对外地商品采取重复检验、重复认证等歧视性技术措施，限制外地商品进入本地市场；

（三）采取专门针对外地商品的行政许可，限制外地商品进入本地市场；

（四）设置关卡或者采取其他手段，阻碍外地商品进入或者本地商品运出；

（五）妨碍商品在地区之间自由流通的其他行为。

第四十二条 行政机关和法律、法规授权的具有管理公共事务职能的组织不得滥用行政权力，以设定歧视性资质要求、评审标准或者不依法发布信息等方式，排斥或者限制经营者参加招标投标以及其他经营活动。

第四十三条 行政机关和法律、法规授权的具有管理公共事务职能的组织不得滥用行政权力，采取与本地经营者不平等待遇等方式，排斥、限制、强制或者变相强制外地经营者在本地投资或者设立分支机构。

第四十四条 行政机关和法律、法规授权的具有管理公共事务职能的组织不得滥用行政权力，强制或者变相强制经营者从事本法规定的垄断行为。

第四十五条 行政机关和法律、法规授权的具有管理公共事务职能的组织不得滥用行政权力，制定含有排除、限制竞争内容的规定。

第六章 对涉嫌垄断行为的调查

第四十六条 反垄断执法机构依法对涉嫌垄断行为进行调查。

对涉嫌垄断行为，任何单位和个人有权向反垄断执法机构举报。反垄断执法机构应当为举报人保密。

举报采用书面形式并提供相关事实和证据的，反垄断执法机构应当进行必要的调查。

第四十七条 反垄断执法机构调查涉嫌垄断行为，可以采取下列措施：

（一）进入被调查的经营者的营业场所或者其他有关场所进行检查；

（二）询问被调查的经营者、利害关系人或者其他有关单位或者个人，要求其说明有关情况；

（三）查阅、复制被调查的经营者、利害关系人或者其他有关单位或者个人的有关单证、协议、会计账簿、业务函电、电子数据等文件、资料；

（四）查封、扣押相关证据；

（五）查询经营者的银行账户。

采取前款规定的措施，应当向反垄断执法机构主要负责人书面报告，并经批准。

第四十八条 反垄断执法机构调查涉嫌垄断行为，执法人员不得少于二人，并应当出示执法证件。

执法人员进行询问和调查，应当制作笔录，并由被询问人或者被调查人签字。

第四十九条 反垄断执法机构及其工作人员对执法过程中知悉的商业秘密、个人隐私和个人信息依法负有保密义务。

第五十条 被调查的经营者、利害关系人或者其他有关单位或者个人应当配合反垄断执法机构依法履行职责，不得拒绝、阻碍反垄断执法机构的调查。

第五十一条 被调查的经营者、利害关系人有权陈述意见。反垄断执法机构应当对被调查的经营者、利害关系人提出的事实、理由和证据进行核实。

第五十二条 反垄断执法机构对涉嫌垄断行为调查核实后，认为构成垄断行为的，应当依法作出处理决定，并可以向社会公布。

第五十三条 对反垄断执法机构调查的涉嫌垄断行为，被调查的经营者承诺在反垄断执法机构认可的期限内采取具体措施消除该行为后果的，反垄断执法机构可以决定中止调查。中止调查的决定应当载明被调查的经营者承诺的具体内容。

反垄断执法机构决定中止调查的，应当对经营者履行承诺的情况进行监督。经营者履行承诺的，反垄断执法机构可以决定终止调查。

有下列情形之一的，反垄断执法机构应当恢复调查：

（一）经营者未履行承诺的；

（二）作出中止调查决定所依据的事实发生重大变化的；

（三）中止调查的决定是基于经营者提供的不完整或者不真实的信息作出的。

第五十四条 反垄断执法机构依法对涉嫌滥用行政权力排除、限制竞争的行为进行调查，有关单位或者个人应当配合。

第五十五条 经营者、行政机关和法律、法规授权的具有管理公共事务职能的组织，涉嫌违反本法规定的，反垄断执法机构可以对其法定代表人或者负责人进行约谈，要求其提出改进措施。

第七章 法律责任

第五十六条 经营者违反本法规定，达成并实施垄断协议的，由反垄断执法机构责令停止违法行为，没收违法所得，并处上一年度销售额百分之一以上百分之十以下的罚款，上一年度没有销售额的，处五百万元以下的罚款；尚未实施所达成的垄断协议的，可以处三百万元以下的罚款。经营者的法定代表人、主要负责人和直接责任人员对达成垄断协议负有个人责任的，可以处一百万元以下的罚款。

经营者组织其他经营者达成垄断协议或者为其他经营者达成垄断协议提供实质性帮助的，适用前款规定。

经营者主动向反垄断执法机构报告达成垄断协议的有关情况并提供重要证据的，反垄断执法机构可以酌情减轻或者免除对该经营者的处罚。

行业协会违反本法规定，组织本行业的经营者达成垄断协议的，由反垄断执法机构责令改正，可以处三百万元以下的罚款；情节严重的，社会团体登记管理机关可以依法撤销登记。

第五十七条 经营者违反本法规定，滥用市场支配地位的，由反垄断执法机构责令停止违法行为，没收违法所得，并处上一年度销售额百分之一以上百分之十以下的罚款。

第五十八条 经营者违反本法规定实施集中，且具有或者可能具有排除、限制竞争效果的，由国务院反垄断执法机构责令停止实施集中、限期处分股份或者资产、限期转让营业以及采取其他必要措施恢复到集中前的状态，处上一年度销售额百分之十以下的罚款；不具有排除、限制竞争效果的，处五百万元以下的罚款。

第五十九条 对本法第五十六条、第五十七条、第五十八条规定的罚款,反垄断执法机构确定具体罚款数额时,应当考虑违法行为的性质、程度、持续时间和消除违法行为后果的情况等因素。

第六十条 经营者实施垄断行为,给他人造成损失的,依法承担民事责任。

经营者实施垄断行为,损害社会公共利益的,设区的市级以上人民检察院可以依法向人民法院提起民事公益诉讼。

第六十一条 行政机关和法律、法规授权的具有管理公共事务职能的组织滥用行政权力,实施排除、限制竞争行为的,由上级机关责令改正;对直接负责的主管人员和其他直接责任人员依法给予处分。反垄断执法机构可以向有关上级机关提出依法处理的建议。行政机关和法律、法规授权的具有管理公共事务职能的组织应当将有关改正情况书面报告上级机关和反垄断执法机构。

法律、行政法规对行政机关和法律、法规授权的具有管理公共事务职能的组织滥用行政权力实施排除、限制竞争行为的处理另有规定的,依照其规定。

第六十二条 对反垄断执法机构依法实施的审查和调查,拒绝提供有关材料、信息,或者提供虚假材料、信息,或者隐匿、销毁、转移证据,或者有其他拒绝、阻碍调查行为的,由反垄断执法机构责令改正,对单位处上一年度销售额百分之一以下的罚款,上一年度没有销售额或者销售额难以计算的,处五百万元以下的罚款;对个人处五十万元以下的罚款。

第六十三条 违反本法规定,情节特别严重、影响特别恶劣、造成特别严重后果的,国务院反垄断执法机构可以在本法第五十六条、第五十七条、第五十八条、第六十二条规定的罚款数额的二倍以上五倍以下确定具体罚款数额。

第六十四条 经营者因违反本法规定受到行政处罚的,按照国家有关规定记入信用记录,并向社会公示。

第六十五条 对反垄断执法机构依据本法第三十四条、第三十五条作出的决定不服的,可以先依法申请行政复议;对行政复议决定不服的,可以依法提起行政诉讼。

对反垄断执法机构作出的前款规定以外的决定不服的,可以依法申请行政复议或者提起行政诉讼。

第六十六条 反垄断执法机构工作人员滥用职权、玩忽职守、徇私舞弊或者泄露执法过程中知悉的商业秘密、个人隐私和个人信息的,依法给予处分。

第六十七条 违反本法规定,构成犯罪的,依法追究刑事责任。

第八章　附　　则

第六十八条 经营者依照有关知识产权的法律、行政法规规定行使知识产权的行为,不适用本法;但是,经营者滥用知识产权,排除、限制竞争的行为,适用本法。

第六十九条 农业生产者及农村经济组织在农产品生产、加工、销售、运输、储存等经营活动中实施的联合或者协同行为,不适用本法。

第七十条 本法自 2008 年 8 月 1 日起施行。

中华人民共和国广告法

（1994年10月27日第八届全国人民代表大会常务委员会第十次会议通过　2015年4月24日第十二届全国人民代表大会常务委员会第十四次会议修订　根据2018年10月26日第十三届全国人民代表大会常务委员会第六次会议《关于修改〈中华人民共和国野生动物保护法〉等十五部法律的决定》第一次修正　根据2021年4月29日第十三届全国人民代表大会常务委员会第二十八次会议《关于修改〈中华人民共和国道路交通安全法〉等八部法律的决定》第二次修正）

目　　录

第一章　总　　则
第二章　广告内容准则
第三章　广告行为规范
第四章　监督管理
第五章　法律责任
第六章　附　　则

第一章　总　　则

第一条　为了规范广告活动，保护消费者的合法权益，促进广告业的健康发展，维护社会经济秩序，制定本法。

第二条 在中华人民共和国境内,商品经营者或者服务提供者通过一定媒介和形式直接或者间接地介绍自己所推销的商品或者服务的商业广告活动,适用本法。

本法所称广告主,是指为推销商品或者服务,自行或者委托他人设计、制作、发布广告的自然人、法人或者其他组织。

本法所称广告经营者,是指接受委托提供广告设计、制作、代理服务的自然人、法人或者其他组织。

本法所称广告发布者,是指为广告主或者广告主委托的广告经营者发布广告的自然人、法人或者其他组织。

本法所称广告代言人,是指广告主以外的,在广告中以自己的名义或者形象对商品、服务作推荐、证明的自然人、法人或者其他组织。

第三条 广告应当真实、合法,以健康的表现形式表达广告内容,符合社会主义精神文明建设和弘扬中华民族优秀传统文化的要求。

第四条 广告不得含有虚假或者引人误解的内容,不得欺骗、误导消费者。

广告主应当对广告内容的真实性负责。

第五条 广告主、广告经营者、广告发布者从事广告活动,应当遵守法律、法规,诚实信用,公平竞争。

第六条 国务院市场监督管理部门主管全国的广告监督管理工作,国务院有关部门在各自的职责范围内负责广告管理相关工作。

县级以上地方市场监督管理部门主管本行政区域的广告监督管理工作,县级以上地方人民政府有关部门在各自的职责范围内负责广告管理相关工作。

第七条 广告行业组织依照法律、法规和章程的规定,制定行业规范,加强行业自律,促进行业发展,引导会员依法从事广告活动,推动广告行业诚信建设。

第二章　广告内容准则

第八条　广告中对商品的性能、功能、产地、用途、质量、成分、价格、生产者、有效期限、允诺等或者对服务的内容、提供者、形式、质量、价格、允诺等有表示的，应当准确、清楚、明白。

广告中表明推销的商品或者服务附带赠送的，应当明示所附带赠送商品或者服务的品种、规格、数量、期限和方式。

法律、行政法规规定广告中应当明示的内容，应当显著、清晰表示。

第九条　广告不得有下列情形：

（一）使用或者变相使用中华人民共和国的国旗、国歌、国徽，军旗、军歌、军徽；

（二）使用或者变相使用国家机关、国家机关工作人员的名义或者形象；

（三）使用"国家级"、"最高级"、"最佳"等用语；

（四）损害国家的尊严或者利益，泄露国家秘密；

（五）妨碍社会安定，损害社会公共利益；

（六）危害人身、财产安全，泄露个人隐私；

（七）妨碍社会公共秩序或者违背社会良好风尚；

（八）含有淫秽、色情、赌博、迷信、恐怖、暴力的内容；

（九）含有民族、种族、宗教、性别歧视的内容；

（十）妨碍环境、自然资源或者文化遗产保护；

（十一）法律、行政法规规定禁止的其他情形。

第十条　广告不得损害未成年人和残疾人的身心健康。

第十一条　广告内容涉及的事项需要取得行政许可的，应当与许可的内容相符合。

广告使用数据、统计资料、调查结果、文摘、引用语等引证内容的，应当真实、准确，并表明出处。引证内容有适用范围和有效期限的，应当明确表示。

第十二条 广告中涉及专利产品或者专利方法的，应当标明专利号和专利种类。

未取得专利权的，不得在广告中谎称取得专利权。

禁止使用未授予专利权的专利申请和已经终止、撤销、无效的专利作广告。

第十三条 广告不得贬低其他生产经营者的商品或者服务。

第十四条 广告应当具有可识别性，能够使消费者辨明其为广告。

大众传播媒介不得以新闻报道形式变相发布广告。通过大众传播媒介发布的广告应当显著标明"广告"，与其他非广告信息相区别，不得使消费者产生误解。

广播电台、电视台发布广告，应当遵守国务院有关部门关于时长、方式的规定，并应当对广告时长作出明显提示。

第十五条 麻醉药品、精神药品、医疗用毒性药品、放射性药品等特殊药品，药品类易制毒化学品，以及戒毒治疗的药品、医疗器械和治疗方法，不得作广告。

前款规定以外的处方药，只能在国务院卫生行政部门和国务院药品监督管理部门共同指定的医学、药学专业刊物上作广告。

第十六条 医疗、药品、医疗器械广告不得含有下列内容：

（一）表示功效、安全性的断言或者保证；

（二）说明治愈率或者有效率；

（三）与其他药品、医疗器械的功效和安全性或者其他医疗机构比较；

（四）利用广告代言人作推荐、证明；

（五）法律、行政法规规定禁止的其他内容。

药品广告的内容不得与国务院药品监督管理部门批准的说明书不一致，并应当显著标明禁忌、不良反应。处方药广告应当显著标明"本广告仅供医学药学专业人士阅读"，非处方药广告应当显著标明"请按药品说明书或者在药师指导下购买和使用"。

推荐给个人自用的医疗器械的广告，应当显著标明"请仔细阅读产品说明书或者在医务人员的指导下购买和使用"。医疗器械产品注册证明文件中有禁忌内容、注意事项的，广告中应当显著标明"禁忌内容或者注意事项详见说明书"。

第十七条 除医疗、药品、医疗器械广告外，禁止其他任何广告涉及疾病治疗功能，并不得使用医疗用语或者易使推销的商品与药品、医疗器械相混淆的用语。

第十八条 保健食品广告不得含有下列内容：

（一）表示功效、安全性的断言或者保证；

（二）涉及疾病预防、治疗功能；

（三）声称或者暗示广告商品为保障健康所必需；

（四）与药品、其他保健食品进行比较；

（五）利用广告代言人作推荐、证明；

（六）法律、行政法规规定禁止的其他内容。

保健食品广告应当显著标明"本品不能代替药物"。

第十九条 广播电台、电视台、报刊音像出版单位、互联网信息服务提供者不得以介绍健康、养生知识等形式变相发布医疗、药品、医疗器械、保健食品广告。

第二十条 禁止在大众传播媒介或者公共场所发布声称全部或者部分替代母乳的婴儿乳制品、饮料和其他食品广告。

第二十一条 农药、兽药、饲料和饲料添加剂广告不得含有下列内容：

（一）表示功效、安全性的断言或者保证；

（二）利用科研单位、学术机构、技术推广机构、行业协会或者专业人士、用户的名义或者形象作推荐、证明；

（三）说明有效率；

（四）违反安全使用规程的文字、语言或者画面；

（五）法律、行政法规规定禁止的其他内容。

第二十二条 禁止在大众传播媒介或者公共场所、公共交通工具、户外发布烟草广告。禁止向未成年人发送任何形式的烟草广告。

禁止利用其他商品或者服务的广告、公益广告，宣传烟草制品名称、商标、包装、装潢以及类似内容。

烟草制品生产者或者销售者发布的迁址、更名、招聘等启事中，不得含有烟草制品名称、商标、包装、装潢以及类似内容。

第二十三条 酒类广告不得含有下列内容：

（一）诱导、怂恿饮酒或者宣传无节制饮酒；

（二）出现饮酒的动作；

（三）表现驾驶车、船、飞机等活动；

（四）明示或者暗示饮酒有消除紧张和焦虑、增加体力等功效。

第二十四条 教育、培训广告不得含有下列内容：

（一）对升学、通过考试、获得学位学历或者合格证书，或者对教育、培训的效果作出明示或者暗示的保证性承诺；

（二）明示或者暗示有相关考试机构或者其工作人员、考试命题人员参与教育、培训；

（三）利用科研单位、学术机构、教育机构、行业协会、专业人士、受益者的名义或者形象作推荐、证明。

第二十五条 招商等有投资回报预期的商品或者服务广告，应当对可能存在的风险以及风险责任承担有合理提示或者警示，并不得含有下列内容：

（一）对未来效果、收益或者与其相关的情况作出保证性承诺，明示或者暗示保本、无风险或者保收益等，国家另有规定的除外；

（二）利用学术机构、行业协会、专业人士、受益者的名义或者形象作推荐、证明。

第二十六条 房地产广告，房源信息应当真实，面积应当表明为建筑面积或者套内建筑面积，并不得含有下列内容：

（一）升值或者投资回报的承诺；

（二）以项目到达某一具体参照物的所需时间表示项目位置；

（三）违反国家有关价格管理的规定；

（四）对规划或者建设中的交通、商业、文化教育设施以及其他市政条件作误导宣传。

第二十七条 农作物种子、林木种子、草种子、种畜禽、水产苗种和种养殖广告关于品种名称、生产性能、生长量或者产量、品质、抗性、特殊使用价值、经济价值、适宜种植或者养殖的范围和条件等方面的表述应当真实、清楚、明白，并不得含有下列内容：

（一）作科学上无法验证的断言；

（二）表示功效的断言或者保证；

（三）对经济效益进行分析、预测或者作保证性承诺；

（四）利用科研单位、学术机构、技术推广机构、行业协会或者专业人士、用户的名义或者形象作推荐、证明。

第二十八条 广告以虚假或者引人误解的内容欺骗、误导消费者的，构成虚假广告。

广告有下列情形之一的，为虚假广告：

（一）商品或者服务不存在的；

（二）商品的性能、功能、产地、用途、质量、规格、成分、价格、生产者、有效期限、销售状况、曾获荣誉等信息，或者服务的内容、提供者、形式、质量、价格、销售状况、曾获荣誉等信息，以及

与商品或者服务有关的允诺等信息与实际情况不符,对购买行为有实质性影响的;

(三)使用虚构、伪造或者无法验证的科研成果、统计资料、调查结果、文摘、引用语等信息作证明材料的;

(四)虚构使用商品或者接受服务的效果的;

(五)以虚假或者引人误解的内容欺骗、误导消费者的其他情形。

第三章 广告行为规范

第二十九条 广播电台、电视台、报刊出版单位从事广告发布业务的,应当设有专门从事广告业务的机构,配备必要的人员,具有与发布广告相适应的场所、设备。

第三十条 广告主、广告经营者、广告发布者之间在广告活动中应当依法订立书面合同。

第三十一条 广告主、广告经营者、广告发布者不得在广告活动中进行任何形式的不正当竞争。

第三十二条 广告主委托设计、制作、发布广告,应当委托具有合法经营资格的广告经营者、广告发布者。

第三十三条 广告主或者广告经营者在广告中使用他人名义或者形象的,应当事先取得其书面同意;使用无民事行为能力人、限制民事行为能力人的名义或者形象的,应当事先取得其监护人的书面同意。

第三十四条 广告经营者、广告发布者应当按照国家有关规定,建立、健全广告业务的承接登记、审核、档案管理制度。

广告经营者、广告发布者依据法律、行政法规查验有关证明文件,核对广告内容。对内容不符或者证明文件不全的广告,广告经营者不得提供设计、制作、代理服务,广告发布者不得发布。

第三十五条 广告经营者、广告发布者应当公布其收费标准和收费办法。

第三十六条 广告发布者向广告主、广告经营者提供的覆盖率、收视率、点击率、发行量等资料应当真实。

第三十七条 法律、行政法规规定禁止生产、销售的产品或者提供的服务,以及禁止发布广告的商品或者服务,任何单位或者个人不得设计、制作、代理、发布广告。

第三十八条 广告代言人在广告中对商品、服务作推荐、证明,应当依据事实,符合本法和有关法律、行政法规规定,并不得为其未使用过的商品或者未接受过的服务作推荐、证明。

不得利用不满十周岁的未成年人作为广告代言人。

对在虚假广告中作推荐、证明受到行政处罚未满三年的自然人、法人或者其他组织,不得利用其作为广告代言人。

第三十九条 不得在中小学校、幼儿园内开展广告活动,不得利用中小学生和幼儿的教材、教辅材料、练习册、文具、教具、校服、校车等发布或者变相发布广告,但公益广告除外。

第四十条 在针对未成年人的大众传播媒介上不得发布医疗、药品、保健食品、医疗器械、化妆品、酒类、美容广告,以及不利于未成年人身心健康的网络游戏广告。

针对不满十四周岁的未成年人的商品或者服务的广告不得含有下列内容:

(一)劝诱其要求家长购买广告商品或者服务;

(二)可能引发其模仿不安全行为。

第四十一条 县级以上地方人民政府应当组织有关部门加强对利用户外场所、空间、设施等发布户外广告的监督管理,制定户外广告设置规划和安全要求。

户外广告的管理办法,由地方性法规、地方政府规章规定。

第四十二条　有下列情形之一的，不得设置户外广告：

（一）利用交通安全设施、交通标志的；

（二）影响市政公共设施、交通安全设施、交通标志、消防设施、消防安全标志使用的；

（三）妨碍生产或者人民生活，损害市容市貌的；

（四）在国家机关、文物保护单位、风景名胜区等的建筑控制地带，或者县级以上地方人民政府禁止设置户外广告的区域设置的。

第四十三条　任何单位或者个人未经当事人同意或者请求，不得向其住宅、交通工具等发送广告，也不得以电子信息方式向其发送广告。

以电子信息方式发送广告的，应当明示发送者的真实身份和联系方式，并向接收者提供拒绝继续接收的方式。

第四十四条　利用互联网从事广告活动，适用本法的各项规定。

利用互联网发布、发送广告，不得影响用户正常使用网络。在互联网页面以弹出等形式发布的广告，应当显著标明关闭标志，确保一键关闭。

第四十五条　公共场所的管理者或者电信业务经营者、互联网信息服务提供者对其明知或者应知的利用其场所或者信息传输、发布平台发送、发布违法广告的，应当予以制止。

第四章　监督管理

第四十六条　发布医疗、药品、医疗器械、农药、兽药和保健食品广告，以及法律、行政法规规定应当进行审查的其他广告，应当在发布前由有关部门（以下称广告审查机关）对广告内容进行审查；未经审查，不得发布。

第四十七条　广告主申请广告审查，应当依照法律、行政法规向广告审查机关提交有关证明文件。

广告审查机关应当依照法律、行政法规规定作出审查决定，并应当将审查批准文件抄送同级市场监督管理部门。广告审查机关应当及时向社会公布批准的广告。

第四十八条 任何单位或者个人不得伪造、变造或者转让广告审查批准文件。

第四十九条 市场监督管理部门履行广告监督管理职责，可以行使下列职权：

（一）对涉嫌从事违法广告活动的场所实施现场检查；

（二）询问涉嫌违法当事人或者其法定代表人、主要负责人和其他有关人员，对有关单位或者个人进行调查；

（三）要求涉嫌违法当事人限期提供有关证明文件；

（四）查阅、复制与涉嫌违法广告有关的合同、票据、账簿、广告作品和其他有关资料；

（五）查封、扣押与涉嫌违法广告直接相关的广告物品、经营工具、设备等财物；

（六）责令暂停发布可能造成严重后果的涉嫌违法广告；

（七）法律、行政法规规定的其他职权。

市场监督管理部门应当建立健全广告监测制度，完善监测措施，及时发现和依法查处违法广告行为。

第五十条 国务院市场监督管理部门会同国务院有关部门，制定大众传播媒介广告发布行为规范。

第五十一条 市场监督管理部门依照本法规定行使职权，当事人应当协助、配合，不得拒绝、阻挠。

第五十二条 市场监督管理部门和有关部门及其工作人员对其在广告监督管理活动中知悉的商业秘密负有保密义务。

第五十三条 任何单位或者个人有权向市场监督管理部门和有关

部门投诉、举报违反本法的行为。市场监督管理部门和有关部门应当向社会公开受理投诉、举报的电话、信箱或者电子邮件地址，接到投诉、举报的部门应当自收到投诉之日起七个工作日内，予以处理并告知投诉、举报人。

市场监督管理部门和有关部门不依法履行职责的，任何单位或者个人有权向其上级机关或者监察机关举报。接到举报的机关应当依法作出处理，并将处理结果及时告知举报人。

有关部门应当为投诉、举报人保密。

第五十四条 消费者协会和其他消费者组织对违反本法规定，发布虚假广告侵害消费者合法权益，以及其他损害社会公共利益的行为，依法进行社会监督。

第五章　法律责任

第五十五条 违反本法规定，发布虚假广告的，由市场监督管理部门责令停止发布广告，责令广告主在相应范围内消除影响，处广告费用三倍以上五倍以下的罚款，广告费用无法计算或者明显偏低的，处二十万元以上一百万元以下的罚款；两年内有三次以上违法行为或者有其他严重情节的，处广告费用五倍以上十倍以下的罚款，广告费用无法计算或者明显偏低的，处一百万元以上二百万元以下的罚款，可以吊销营业执照，并由广告审查机关撤销广告审查批准文件、一年内不受理其广告审查申请。

医疗机构有前款规定违法行为，情节严重的，除由市场监督管理部门依照本法处罚外，卫生行政部门可以吊销诊疗科目或者吊销医疗机构执业许可证。

广告经营者、广告发布者明知或者应知广告虚假仍设计、制作、代理、发布的,由市场监督管理部门没收广告费用,并处广告费用三倍以上五倍以下的罚款,广告费用无法计算或者明显偏低的,处二十万元以上一百万元以下的罚款;两年内有三次以上违法行为或者有其他严重情节的,处广告费用五倍以上十倍以下的罚款,广告费用无法计算或者明显偏低的,处一百万元以上二百万元以下的罚款,并可以由有关部门暂停广告发布业务、吊销营业执照。

广告主、广告经营者、广告发布者有本条第一款、第三款规定行为,构成犯罪的,依法追究刑事责任。

第五十六条 违反本法规定,发布虚假广告,欺骗、误导消费者,使购买商品或者接受服务的消费者的合法权益受到损害的,由广告主依法承担民事责任。广告经营者、广告发布者不能提供广告主的真实名称、地址和有效联系方式的,消费者可以要求广告经营者、广告发布者先行赔偿。

关系消费者生命健康的商品或者服务的虚假广告,造成消费者损害的,其广告经营者、广告发布者、广告代言人应当与广告主承担连带责任。

前款规定以外的商品或者服务的虚假广告,造成消费者损害的,其广告经营者、广告发布者、广告代言人,明知或者应知广告虚假仍设计、制作、代理、发布或者作推荐、证明的,应当与广告主承担连带责任。

第五十七条 有下列行为之一的,由市场监督管理部门责令停止发布广告,对广告主处二十万元以上一百万元以下的罚款,情节严重的,并可以吊销营业执照,由广告审查机关撤销广告审查批准文件、一年内不受理其广告审查申请;对广告经营者、广告发布者,由市场监督管理部门没收广告费用,处二十万元以上一百万元以下的罚款,情节严重的,并可以吊销营业执照:

(一)发布有本法第九条、第十条规定的禁止情形的广告的;

（二）违反本法第十五条规定发布处方药广告、药品类易制毒化学品广告、戒毒治疗的医疗器械和治疗方法广告的；

（三）违反本法第二十条规定，发布声称全部或者部分替代母乳的婴儿乳制品、饮料和其他食品广告的；

（四）违反本法第二十二条规定发布烟草广告的；

（五）违反本法第三十七条规定，利用广告推销禁止生产、销售的产品或者提供的服务，或者禁止发布广告的商品或者服务的；

（六）违反本法第四十条第一款规定，在针对未成年人的大众传播媒介上发布医疗、药品、保健食品、医疗器械、化妆品、酒类、美容广告，以及不利于未成年人身心健康的网络游戏广告的。

第五十八条 有下列行为之一的，由市场监督管理部门责令停止发布广告，责令广告主在相应范围内消除影响，处广告费用一倍以上三倍以下的罚款，广告费用无法计算或者明显偏低的，处十万元以上二十万元以下的罚款；情节严重的，处广告费用三倍以上五倍以下的罚款，广告费用无法计算或者明显偏低的，处二十万元以上一百万元以下的罚款，可以吊销营业执照，并由广告审查机关撤销广告审查批准文件、一年内不受理其广告审查申请：

（一）违反本法第十六条规定发布医疗、药品、医疗器械广告的；

（二）违反本法第十七条规定，在广告中涉及疾病治疗功能，以及使用医疗用语或者易使推销的商品与药品、医疗器械相混淆的用语的；

（三）违反本法第十八条规定发布保健食品广告的；

（四）违反本法第二十一条规定发布农药、兽药、饲料和饲料添加剂广告的；

（五）违反本法第二十三条规定发布酒类广告的；

（六）违反本法第二十四条规定发布教育、培训广告的；

（七）违反本法第二十五条规定发布招商等有投资回报预期的商

品或者服务广告的；

（八）违反本法第二十六条规定发布房地产广告的；

（九）违反本法第二十七条规定发布农作物种子、林木种子、草种子、种畜禽、水产苗种和种养殖广告的；

（十）违反本法第三十八条第二款规定，利用不满十周岁的未成年人作为广告代言人的；

（十一）违反本法第三十八条第三款规定，利用自然人、法人或者其他组织作为广告代言人的；

（十二）违反本法第三十九条规定，在中小学校、幼儿园内或者利用与中小学生、幼儿有关的物品发布广告的；

（十三）违反本法第四十条第二款规定，发布针对不满十四周岁的未成年人的商品或者服务的广告的；

（十四）违反本法第四十六条规定，未经审查发布广告的。

医疗机构有前款规定违法行为，情节严重的，除由市场监督管理部门依照本法处罚外，卫生行政部门可以吊销诊疗科目或者吊销医疗机构执业许可证。

广告经营者、广告发布者明知或者应知有本条第一款规定违法行为仍设计、制作、代理、发布的，由市场监督管理部门没收广告费用，并处广告费用一倍以上三倍以下的罚款，广告费用无法计算或者明显偏低的，处十万元以上二十万元以下的罚款；情节严重的，处广告费用三倍以上五倍以下的罚款，广告费用无法计算或者明显偏低的，处二十万元以上一百万元以下的罚款，并可以由有关部门暂停广告发布业务、吊销营业执照。

第五十九条 有下列行为之一的，由市场监督管理部门责令停止发布广告，对广告主处十万元以下的罚款：

（一）广告内容违反本法第八条规定的；

（二）广告引证内容违反本法第十一条规定的；

（三）涉及专利的广告违反本法第十二条规定的；

（四）违反本法第十三条规定，广告贬低其他生产经营者的商品或者服务的。

广告经营者、广告发布者明知或者应知有前款规定违法行为仍设计、制作、代理、发布的，由市场监督管理部门处十万元以下的罚款。

广告违反本法第十四条规定，不具有可识别性的，或者违反本法第十九条规定，变相发布医疗、药品、医疗器械、保健食品广告的，由市场监督管理部门责令改正，对广告发布者处十万元以下的罚款。

第六十条 违反本法第三十四条规定，广告经营者、广告发布者未按照国家有关规定建立、健全广告业务管理制度的，或者未对广告内容进行核对的，由市场监督管理部门责令改正，可以处五万元以下的罚款。

违反本法第三十五条规定，广告经营者、广告发布者未公布其收费标准和收费办法的，由价格主管部门责令改正，可以处五万元以下的罚款。

第六十一条 广告代言人有下列情形之一的，由市场监督管理部门没收违法所得，并处违法所得一倍以上二倍以下的罚款：

（一）违反本法第十六条第一款第四项规定，在医疗、药品、医疗器械广告中作推荐、证明的；

（二）违反本法第十八条第一款第五项规定，在保健食品广告中作推荐、证明的；

（三）违反本法第三十八条第一款规定，为其未使用过的商品或者未接受过的服务作推荐、证明的；

（四）明知或者应知广告虚假仍在广告中对商品、服务作推荐、证明的。

第六十二条 违反本法第四十三条规定发送广告的，由有关部门责令停止违法行为，对广告主处五千元以上三万元以下的罚款。

违反本法第四十四条第二款规定，利用互联网发布广告，未显著标明关闭标志，确保一键关闭的，由市场监督管理部门责令改正，对广告主处五千元以上三万元以下的罚款。

第六十三条　违反本法第四十五条规定，公共场所的管理者和电信业务经营者、互联网信息服务提供者，明知或者应知广告活动违法不予制止的，由市场监督管理部门没收违法所得，违法所得五万元以上的，并处违法所得一倍以上三倍以下的罚款，违法所得不足五万元的，并处一万元以上五万元以下的罚款；情节严重的，由有关部门依法停止相关业务。

第六十四条　违反本法规定，隐瞒真实情况或者提供虚假材料申请广告审查的，广告审查机关不予受理或者不予批准，予以警告，一年内不受理该申请人的广告审查申请；以欺骗、贿赂等不正当手段取得广告审查批准的，广告审查机关予以撤销，处十万元以上二十万元以下的罚款，三年内不受理该申请人的广告审查申请。

第六十五条　违反本法规定，伪造、变造或者转让广告审查批准文件的，由市场监督管理部门没收违法所得，并处一万元以上十万元以下的罚款。

第六十六条　有本法规定的违法行为的，由市场监督管理部门记入信用档案，并依照有关法律、行政法规规定予以公示。

第六十七条　广播电台、电视台、报刊音像出版单位发布违法广告，或者以新闻报道形式变相发布广告，或者以介绍健康、养生知识等形式变相发布医疗、药品、医疗器械、保健食品广告，市场监督管理部门依照本法给予处罚的，应当通报新闻出版、广播电视主管部门以及其他有关部门。新闻出版、广播电视主管部门以及其他有关部门应当依法对负有责任的主管人员和直接责任人员给予处分；情节严重的，并可以暂停媒体的广告发布业务。

新闻出版、广播电视主管部门以及其他有关部门未依照前款规定对广播电台、电视台、报刊音像出版单位进行处理的,对负有责任的主管人员和直接责任人员,依法给予处分。

第六十八条 广告主、广告经营者、广告发布者违反本法规定,有下列侵权行为之一的,依法承担民事责任:

(一)在广告中损害未成年人或者残疾人的身心健康的;

(二)假冒他人专利的;

(三)贬低其他生产经营者的商品、服务的;

(四)在广告中未经同意使用他人名义或者形象的;

(五)其他侵犯他人合法民事权益的。

第六十九条 因发布虚假广告,或者有其他本法规定的违法行为,被吊销营业执照的公司、企业的法定代表人,对违法行为负有个人责任的,自该公司、企业被吊销营业执照之日起三年内不得担任公司、企业的董事、监事、高级管理人员。

第七十条 违反本法规定,拒绝、阻挠市场监督管理部门监督检查,或者有其他构成违反治安管理行为的,依法给予治安管理处罚;构成犯罪的,依法追究刑事责任。

第七十一条 广告审查机关对违法的广告内容作出审查批准决定的,对负有责任的主管人员和直接责任人员,由任免机关或者监察机关依法给予处分;构成犯罪的,依法追究刑事责任。

第七十二条 市场监督管理部门对在履行广告监测职责中发现的违法广告行为或者对经投诉、举报的违法广告行为,不依法予以查处的,对负有责任的主管人员和直接责任人员,依法给予处分。

市场监督管理部门和负责广告管理相关工作的有关部门的工作人员玩忽职守、滥用职权、徇私舞弊的,依法给予处分。

有前两款行为,构成犯罪的,依法追究刑事责任。

第六章 附　　则

第七十三条 国家鼓励、支持开展公益广告宣传活动，传播社会主义核心价值观，倡导文明风尚。

大众传播媒介有义务发布公益广告。广播电台、电视台、报刊出版单位应当按照规定的版面、时段、时长发布公益广告。公益广告的管理办法，由国务院市场监督管理部门会同有关部门制定。

第七十四条 本法自 2015 年 9 月 1 日起施行。

中华人民共和国行政处罚法

（1996年3月17日第八届全国人民代表大会第四次会议通过　根据2009年8月27日第十一届全国人民代表大会常务委员会第十次会议《关于修改部分法律的决定》第一次修正　根据2017年9月1日第十二届全国人民代表大会常务委员会第二十九次会议《关于修改〈中华人民共和国法官法〉等八部法律的决定》第二次修正　2021年1月22日第十三届全国人民代表大会常务委员会第二十五次会议修订　2021年1月22日中华人民共和国主席令第70号公布　自2021年7月15日起施行）

目　　录

第一章　总　　则

第二章　行政处罚的种类和设定

第三章　行政处罚的实施机关

第四章　行政处罚的管辖和适用

第五章　行政处罚的决定

 第一节　一般规定

 第二节　简易程序

 第三节　普通程序

 第四节　听证程序

第六章　行政处罚的执行

第七章　法律责任

第八章　附　　则

第一章 总 则

第一条 为了规范行政处罚的设定和实施,保障和监督行政机关有效实施行政管理,维护公共利益和社会秩序,保护公民、法人或者其他组织的合法权益,根据宪法,制定本法。

第二条 行政处罚是指行政机关依法对违反行政管理秩序的公民、法人或者其他组织,以减损权益或者增加义务的方式予以惩戒的行为。

第三条 行政处罚的设定和实施,适用本法。

第四条 公民、法人或者其他组织违反行政管理秩序的行为,应当给予行政处罚的,依照本法由法律、法规、规章规定,并由行政机关依照本法规定的程序实施。

第五条 行政处罚遵循公正、公开的原则。

设定和实施行政处罚必须以事实为依据,与违法行为的事实、性质、情节以及社会危害程度相当。

对违法行为给予行政处罚的规定必须公布;未经公布的,不得作为行政处罚的依据。

第六条 实施行政处罚,纠正违法行为,应当坚持处罚与教育相结合,教育公民、法人或者其他组织自觉守法。

第七条 公民、法人或者其他组织对行政机关所给予的行政处罚,享有陈述权、申辩权;对行政处罚不服的,有权依法申请行政复议或者提起行政诉讼。

公民、法人或者其他组织因行政机关违法给予行政处罚受到损害的,有权依法提出赔偿要求。

第八条 公民、法人或者其他组织因违法行为受到行政处罚,其违法行为对他人造成损害的，应当依法承担民事责任。

违法行为构成犯罪，应当依法追究刑事责任的，不得以行政处罚代替刑事处罚。

第二章　行政处罚的种类和设定

第九条　行政处罚的种类：

（一）警告、通报批评；

（二）罚款、没收违法所得、没收非法财物；

（三）暂扣许可证件、降低资质等级、吊销许可证件；

（四）限制开展生产经营活动、责令停产停业、责令关闭、限制从业；

（五）行政拘留；

（六）法律、行政法规规定的其他行政处罚。

第十条　法律可以设定各种行政处罚。

限制人身自由的行政处罚，只能由法律设定。

第十一条　行政法规可以设定除限制人身自由以外的行政处罚。

法律对违法行为已经作出行政处罚规定，行政法规需要作出具体规定的，必须在法律规定的给予行政处罚的行为、种类和幅度的范围内规定。

法律对违法行为未作出行政处罚规定，行政法规为实施法律，可以补充设定行政处罚。拟补充设定行政处罚的，应当通过听证会、论证会等形式广泛听取意见，并向制定机关作出书面说明。行政法规报送备案时，应当说明补充设定行政处罚的情况。

第十二条　地方性法规可以设定除限制人身自由、吊销营业执照以外的行政处罚。

法律、行政法规对违法行为已经作出行政处罚规定，地方性法规需要作出具体规定的，必须在法律、行政法规规定的给予行政处罚的行为、种类和幅度的范围内规定。

法律、行政法规对违法行为未作出行政处罚规定，地方性法规为实施法律、行政法规，可以补充设定行政处罚。拟补充设定行政处罚的，应当通过听证会、论证会等形式广泛听取意见，并向制定机关作出书面说明。地方性法规报送备案时，应当说明补充设定行政处罚的情况。

第十三条 国务院部门规章可以在法律、行政法规规定的给予行政处罚的行为、种类和幅度的范围内作出具体规定。

尚未制定法律、行政法规的，国务院部门规章对违反行政管理秩序的行为，可以设定警告、通报批评或者一定数额罚款的行政处罚。罚款的限额由国务院规定。

第十四条 地方政府规章可以在法律、法规规定的给予行政处罚的行为、种类和幅度的范围内作出具体规定。

尚未制定法律、法规的，地方政府规章对违反行政管理秩序的行为，可以设定警告、通报批评或者一定数额罚款的行政处罚。罚款的限额由省、自治区、直辖市人民代表大会常务委员会规定。

第十五条 国务院部门和省、自治区、直辖市人民政府及其有关部门应当定期组织评估行政处罚的实施情况和必要性，对不适当的行政处罚事项及种类、罚款数额等，应当提出修改或者废止的建议。

第十六条 除法律、法规、规章外，其他规范性文件不得设定行政处罚。

第三章　行政处罚的实施机关

第十七条 行政处罚由具有行政处罚权的行政机关在法定职权范

围内实施。

第十八条 国家在城市管理、市场监管、生态环境、文化市场、交通运输、应急管理、农业等领域推行建立综合行政执法制度，相对集中行政处罚权。

国务院或者省、自治区、直辖市人民政府可以决定一个行政机关行使有关行政机关的行政处罚权。

限制人身自由的行政处罚权只能由公安机关和法律规定的其他机关行使。

第十九条 法律、法规授权的具有管理公共事务职能的组织可以在法定授权范围内实施行政处罚。

第二十条 行政机关依照法律、法规、规章的规定，可以在其法定权限内书面委托符合本法第二十一条规定条件的组织实施行政处罚。行政机关不得委托其他组织或者个人实施行政处罚。

委托书应当载明委托的具体事项、权限、期限等内容。委托行政机关和受委托组织应当将委托书向社会公布。

委托行政机关对受委托组织实施行政处罚的行为应当负责监督，并对该行为的后果承担法律责任。

受委托组织在委托范围内，以委托行政机关名义实施行政处罚；不得再委托其他组织或者个人实施行政处罚。

第二十一条 受委托组织必须符合以下条件：

（一）依法成立并具有管理公共事务职能；

（二）有熟悉有关法律、法规、规章和业务并取得行政执法资格的工作人员；

（三）需要进行技术检查或者技术鉴定的，应当有条件组织进行相应的技术检查或者技术鉴定。

第四章 行政处罚的管辖和适用

第二十二条 行政处罚由违法行为发生地的行政机关管辖。法律、行政法规、部门规章另有规定的，从其规定。

第二十三条 行政处罚由县级以上地方人民政府具有行政处罚权的行政机关管辖。法律、行政法规另有规定的，从其规定。

第二十四条 省、自治区、直辖市根据当地实际情况，可以决定将基层管理迫切需要的县级人民政府部门的行政处罚权交由能够有效承接的乡镇人民政府、街道办事处行使，并定期组织评估。决定应当公布。

承接行政处罚权的乡镇人民政府、街道办事处应当加强执法能力建设，按照规定范围、依照法定程序实施行政处罚。

有关地方人民政府及其部门应当加强组织协调、业务指导、执法监督，建立健全行政处罚协调配合机制，完善评议、考核制度。

第二十五条 两个以上行政机关都有管辖权的，由最先立案的行政机关管辖。

对管辖发生争议的，应当协商解决，协商不成的，报请共同的上一级行政机关指定管辖；也可以直接由共同的上一级行政机关指定管辖。

第二十六条 行政机关因实施行政处罚的需要，可以向有关机关提出协助请求。协助事项属于被请求机关职权范围内的，应当依法予以协助。

第二十七条 违法行为涉嫌犯罪的，行政机关应当及时将案件移送司法机关，依法追究刑事责任。对依法不需要追究刑事责任或者免予刑事处罚，但应当给予行政处罚的，司法机关应当及时将案件移送有关行政机关。

行政处罚实施机关与司法机关之间应当加强协调配合，建立健全案件移送制度，加强证据材料移交、接收衔接，完善案件处理信息通报机制。

第二十八条 行政机关实施行政处罚时，应当责令当事人改正或者限期改正违法行为。

当事人有违法所得，除依法应当退赔的外，应当予以没收。违法所得是指实施违法行为所取得的款项。法律、行政法规、部门规章对违法所得的计算另有规定的，从其规定。

第二十九条 对当事人的同一个违法行为，不得给予两次以上罚款的行政处罚。同一个违法行为违反多个法律规范应当给予罚款处罚的，按照罚款数额高的规定处罚。

第三十条 不满十四周岁的未成年人有违法行为的，不予行政处罚，责令监护人加以管教；已满十四周岁不满十八周岁的未成年人有违法行为的，应当从轻或者减轻行政处罚。

第三十一条 精神病人、智力残疾人在不能辨认或者不能控制自己行为时有违法行为的，不予行政处罚，但应当责令其监护人严加看管和治疗。间歇性精神病人在精神正常时有违法行为的，应当给予行政处罚。尚未完全丧失辨认或者控制自己行为能力的精神病人、智力残疾人有违法行为的，可以从轻或者减轻行政处罚。

第三十二条 当事人有下列情形之一，应当从轻或者减轻行政处罚：

（一）主动消除或者减轻违法行为危害后果的；

（二）受他人胁迫或者诱骗实施违法行为的；

（三）主动供述行政机关尚未掌握的违法行为的；

（四）配合行政机关查处违法行为有立功表现的；

（五）法律、法规、规章规定其他应当从轻或者减轻行政处罚的。

第三十三条　违法行为轻微并及时改正，没有造成危害后果的，不予行政处罚。初次违法且危害后果轻微并及时改正的，可以不予行政处罚。

当事人有证据足以证明没有主观过错的，不予行政处罚。法律、行政法规另有规定的，从其规定。

对当事人的违法行为依法不予行政处罚的，行政机关应当对当事人进行教育。

第三十四条　行政机关可以依法制定行政处罚裁量基准，规范行使行政处罚裁量权。行政处罚裁量基准应当向社会公布。

第三十五条　违法行为构成犯罪，人民法院判处拘役或者有期徒刑时，行政机关已经给予当事人行政拘留的，应当依法折抵相应刑期。

违法行为构成犯罪，人民法院判处罚金时，行政机关已经给予当事人罚款的，应当折抵相应罚金；行政机关尚未给予当事人罚款的，不再给予罚款。

第三十六条　违法行为在二年内未被发现的，不再给予行政处罚；涉及公民生命健康安全、金融安全且有危害后果的，上述期限延长至五年。法律另有规定的除外。

前款规定的期限，从违法行为发生之日起计算；违法行为有连续或者继续状态的，从行为终了之日起计算。

第三十七条　实施行政处罚，适用违法行为发生时的法律、法规、规章的规定。但是，作出行政处罚决定时，法律、法规、规章已被修改或者废止，且新的规定处罚较轻或者不认为是违法的，适用新的规定。

第三十八条　行政处罚没有依据或者实施主体不具有行政主体资格的，行政处罚无效。

违反法定程序构成重大且明显违法的，行政处罚无效。

第五章 行政处罚的决定

第一节 一般规定

第三十九条 行政处罚的实施机关、立案依据、实施程序和救济渠道等信息应当公示。

第四十条 公民、法人或者其他组织违反行政管理秩序的行为，依法应当给予行政处罚的，行政机关必须查明事实；违法事实不清、证据不足的，不得给予行政处罚。

第四十一条 行政机关依照法律、行政法规规定利用电子技术监控设备收集、固定违法事实的，应当经过法制和技术审核，确保电子技术监控设备符合标准、设置合理、标志明显，设置地点应当向社会公布。

电子技术监控设备记录违法事实应当真实、清晰、完整、准确。行政机关应当审核记录内容是否符合要求；未经审核或者经审核不符合要求的，不得作为行政处罚的证据。

行政机关应当及时告知当事人违法事实，并采取信息化手段或者其他措施，为当事人查询、陈述和申辩提供便利。不得限制或者变相限制当事人享有的陈述权、申辩权。

第四十二条 行政处罚应当由具有行政执法资格的执法人员实施。执法人员不得少于两人，法律另有规定的除外。

执法人员应当文明执法，尊重和保护当事人合法权益。

第四十三条 执法人员与案件有直接利害关系或者有其他关系可能影响公正执法的，应当回避。

当事人认为执法人员与案件有直接利害关系或者有其他关系可能

影响公正执法的,有权申请回避。

当事人提出回避申请的,行政机关应当依法审查,由行政机关负责人决定。决定作出之前,不停止调查。

第四十四条 行政机关在作出行政处罚决定之前,应当告知当事人拟作出的行政处罚内容及事实、理由、依据,并告知当事人依法享有的陈述、申辩、要求听证等权利。

第四十五条 当事人有权进行陈述和申辩。行政机关必须充分听取当事人的意见,对当事人提出的事实、理由和证据,应当进行复核;当事人提出的事实、理由或者证据成立的,行政机关应当采纳。

行政机关不得因当事人陈述、申辩而给予更重的处罚。

第四十六条 证据包括:

(一)书证;

(二)物证;

(三)视听资料;

(四)电子数据;

(五)证人证言;

(六)当事人的陈述;

(七)鉴定意见;

(八)勘验笔录、现场笔录。

证据必须经查证属实,方可作为认定案件事实的根据。

以非法手段取得的证据,不得作为认定案件事实的根据。

第四十七条 行政机关应当依法以文字、音像等形式,对行政处罚的启动、调查取证、审核、决定、送达、执行等进行全过程记录,归档保存。

第四十八条 具有一定社会影响的行政处罚决定应当依法公开。

公开的行政处罚决定被依法变更、撤销、确认违法或者确认无效的,行政机关应当在三日内撤回行政处罚决定信息并公开说明理由。

第四十九条 发生重大传染病疫情等突发事件，为了控制、减轻和消除突发事件引起的社会危害，行政机关对违反突发事件应对措施的行为，依法快速、从重处罚。

第五十条 行政机关及其工作人员对实施行政处罚过程中知悉的国家秘密、商业秘密或者个人隐私，应当依法予以保密。

第二节 简易程序

第五十一条 违法事实确凿并有法定依据，对公民处以二百元以下、对法人或者其他组织处以三千元以下罚款或者警告的行政处罚的，可以当场作出行政处罚决定。法律另有规定的，从其规定。

第五十二条 执法人员当场作出行政处罚决定的，应当向当事人出示执法证件，填写预定格式、编有号码的行政处罚决定书，并当场交付当事人。当事人拒绝签收的，应当在行政处罚决定书上注明。

前款规定的行政处罚决定书应当载明当事人的违法行为，行政处罚的种类和依据、罚款数额、时间、地点，申请行政复议、提起行政诉讼的途径和期限以及行政机关名称，并由执法人员签名或者盖章。

执法人员当场作出的行政处罚决定，应当报所属行政机关备案。

第五十三条 对当场作出的行政处罚决定，当事人应当依照本法第六十七条至第六十九条的规定履行。

第三节 普通程序

第五十四条 除本法第五十一条规定的可以当场作出的行政处罚外，行政机关发现公民、法人或者其他组织有依法应当给予行政处罚的行为的，必须全面、客观、公正地调查，收集有关证据；必要时，依照法律、法规的规定，可以进行检查。

符合立案标准的，行政机关应当及时立案。

第五十五条 执法人员在调查或者进行检查时，应当主动向当事人或者有关人员出示执法证件。当事人或者有关人员有权要求执法人员出示执法证件。执法人员不出示执法证件的，当事人或者有关人员有权拒绝接受调查或者检查。

当事人或者有关人员应当如实回答询问，并协助调查或者检查，不得拒绝或者阻挠。询问或者检查应当制作笔录。

第五十六条 行政机关在收集证据时，可以采取抽样取证的方法；在证据可能灭失或者以后难以取得的情况下，经行政机关负责人批准，可以先行登记保存，并应当在七日内及时作出处理决定，在此期间，当事人或者有关人员不得销毁或者转移证据。

第五十七条 调查终结，行政机关负责人应当对调查结果进行审查，根据不同情况，分别作出如下决定：

（一）确有应受行政处罚的违法行为的，根据情节轻重及具体情况，作出行政处罚决定；

（二）违法行为轻微，依法可以不予行政处罚的，不予行政处罚；

（三）违法事实不能成立的，不予行政处罚；

（四）违法行为涉嫌犯罪的，移送司法机关。

对情节复杂或者重大违法行为给予行政处罚，行政机关负责人应当集体讨论决定。

第五十八条 有下列情形之一，在行政机关负责人作出行政处罚的决定之前，应当由从事行政处罚决定法制审核的人员进行法制审核；未经法制审核或者审核未通过的，不得作出决定：

（一）涉及重大公共利益的；

（二）直接关系当事人或者第三人重大权益，经过听证程序的；

（三）案件情况疑难复杂、涉及多个法律关系的；

（四）法律、法规规定应当进行法制审核的其他情形。

行政机关中初次从事行政处罚决定法制审核的人员，应当通过国家统一法律职业资格考试取得法律职业资格。

第五十九条 行政机关依照本法第五十七条的规定给予行政处罚，应当制作行政处罚决定书。行政处罚决定书应当载明下列事项：

（一）当事人的姓名或者名称、地址；

（二）违反法律、法规、规章的事实和证据；

（三）行政处罚的种类和依据；

（四）行政处罚的履行方式和期限；

（五）申请行政复议、提起行政诉讼的途径和期限；

（六）作出行政处罚决定的行政机关名称和作出决定的日期。

行政处罚决定书必须盖有作出行政处罚决定的行政机关的印章。

第六十条 行政机关应当自行政处罚案件立案之日起九十日内作出行政处罚决定。法律、法规、规章另有规定的，从其规定。

第六十一条 行政处罚决定书应当在宣告后当场交付当事人；当事人不在场的，行政机关应当在七日内依照《中华人民共和国民事诉讼法》的有关规定，将行政处罚决定书送达当事人。

当事人同意并签订确认书的，行政机关可以采用传真、电子邮件等方式，将行政处罚决定书等送达当事人。

第六十二条 行政机关及其执法人员在作出行政处罚决定之前，未依照本法第四十四条、第四十五条的规定向当事人告知拟作出的行政处罚内容及事实、理由、依据，或者拒绝听取当事人的陈述、申辩，不得作出行政处罚决定；当事人明确放弃陈述或者申辩权利的除外。

第四节 听证程序

第六十三条 行政机关拟作出下列行政处罚决定，应当告知当事人有要求听证的权利，当事人要求听证的，行政机关应当组织听证：

（一）较大数额罚款；

（二）没收较大数额违法所得、没收较大价值非法财物；

（三）降低资质等级、吊销许可证件；

（四）责令停产停业、责令关闭、限制从业；

（五）其他较重的行政处罚；

（六）法律、法规、规章规定的其他情形。

当事人不承担行政机关组织听证的费用。

第六十四条 听证应当依照以下程序组织：

（一）当事人要求听证的，应当在行政机关告知后五日内提出；

（二）行政机关应当在举行听证的七日前，通知当事人及有关人员听证的时间、地点；

（三）除涉及国家秘密、商业秘密或者个人隐私依法予以保密外，听证公开举行；

（四）听证由行政机关指定的非本案调查人员主持；当事人认为主持人与本案有直接利害关系的，有权申请回避；

（五）当事人可以亲自参加听证，也可以委托一至二人代理；

（六）当事人及其代理人无正当理由拒不出席听证或者未经许可中途退出听证的，视为放弃听证权利，行政机关终止听证；

（七）举行听证时，调查人员提出当事人违法的事实、证据和行政处罚建议，当事人进行申辩和质证；

（八）听证应当制作笔录。笔录应当交当事人或者其代理人核对无误后签字或者盖章。当事人或者其代理人拒绝签字或者盖章的，由听证主持人在笔录中注明。

第六十五条 听证结束后，行政机关应当根据听证笔录，依照本法第五十七条的规定，作出决定。

第六章　行政处罚的执行

第六十六条　行政处罚决定依法作出后，当事人应当在行政处罚决定书载明的期限内，予以履行。

当事人确有经济困难，需要延期或者分期缴纳罚款的，经当事人申请和行政机关批准，可以暂缓或者分期缴纳。

第六十七条　作出罚款决定的行政机关应当与收缴罚款的机构分离。

除依照本法第六十八条、第六十九条的规定当场收缴的罚款外，作出行政处罚决定的行政机关及其执法人员不得自行收缴罚款。

当事人应当自收到行政处罚决定书之日起十五日内，到指定的银行或者通过电子支付系统缴纳罚款。银行应当收受罚款，并将罚款直接上缴国库。

第六十八条　依照本法第五十一条的规定当场作出行政处罚决定，有下列情形之一，执法人员可以当场收缴罚款：

（一）依法给予一百元以下罚款的；

（二）不当场收缴事后难以执行的。

第六十九条　在边远、水上、交通不便地区，行政机关及其执法人员依照本法第五十一条、第五十七条的规定作出罚款决定后，当事人到指定的银行或者通过电子支付系统缴纳罚款确有困难，经当事人提出，行政机关及其执法人员可以当场收缴罚款。

第七十条　行政机关及其执法人员当场收缴罚款的，必须向当事人出具国务院财政部门或者省、自治区、直辖市人民政府财政部门统一制发的专用票据；不出具财政部门统一制发的专用票据的，当事人有权拒绝缴纳罚款。

第七十一条　执法人员当场收缴的罚款,应当自收缴罚款之日起二日内,交至行政机关;在水上当场收缴的罚款,应当自抵岸之日起二日内交至行政机关;行政机关应当在二日内将罚款缴付指定的银行。

第七十二条　当事人逾期不履行行政处罚决定的,作出行政处罚决定的行政机关可以采取下列措施:

(一)到期不缴纳罚款的,每日按罚款数额的百分之三加处罚款,加处罚款的数额不得超出罚款的数额;

(二)根据法律规定,将查封、扣押的财物拍卖、依法处理或者将冻结的存款、汇款划拨抵缴罚款;

(三)根据法律规定,采取其他行政强制执行方式;

(四)依照《中华人民共和国行政强制法》的规定申请人民法院强制执行。

行政机关批准延期、分期缴纳罚款的,申请人民法院强制执行的期限,自暂缓或者分期缴纳罚款期限结束之日起计算。

第七十三条　当事人对行政处罚决定不服,申请行政复议或者提起行政诉讼的,行政处罚不停止执行,法律另有规定的除外。

当事人对限制人身自由的行政处罚决定不服,申请行政复议或者提起行政诉讼的,可以向作出决定的机关提出暂缓执行申请。符合法律规定情形的,应当暂缓执行。

当事人申请行政复议或者提起行政诉讼的,加处罚款的数额在行政复议或者行政诉讼期间不予计算。

第七十四条　除依法应当予以销毁的物品外,依法没收的非法财物必须按照国家规定公开拍卖或者按照国家有关规定处理。

罚款、没收的违法所得或者没收非法财物拍卖的款项,必须全部上缴国库,任何行政机关或者个人不得以任何形式截留、私分或者变相私分。

罚款、没收的违法所得或者没收非法财物拍卖的款项，不得同作出行政处罚决定的行政机关及其工作人员的考核、考评直接或者变相挂钩。除依法应当退还、退赔的外，财政部门不得以任何形式向作出行政处罚决定的行政机关返还罚款、没收的违法所得或者没收非法财物拍卖的款项。

第七十五条 行政机关应当建立健全对行政处罚的监督制度。县级以上人民政府应当定期组织开展行政执法评议、考核，加强对行政处罚的监督检查，规范和保障行政处罚的实施。

行政机关实施行政处罚应当接受社会监督。公民、法人或者其他组织对行政机关实施行政处罚的行为，有权申诉或者检举；行政机关应当认真审查，发现有错误的，应当主动改正。

第七章　法律责任

第七十六条 行政机关实施行政处罚，有下列情形之一，由上级行政机关或者有关机关责令改正，对直接负责的主管人员和其他直接责任人员依法给予处分：

（一）没有法定的行政处罚依据的；

（二）擅自改变行政处罚种类、幅度的；

（三）违反法定的行政处罚程序的；

（四）违反本法第二十条关于委托处罚的规定的；

（五）执法人员未取得执法证件的。

行政机关对符合立案标准的案件不及时立案的，依照前款规定予以处理。

第七十七条 行政机关对当事人进行处罚不使用罚款、没收财物单据或者使用非法定部门制发的罚款、没收财物单据的，当事人有权拒绝，并有权予以检举，由上级行政机关或者有关机关对使用的非法单据予以收缴销毁，对直接负责的主管人员和其他直接责任人员依法给予处分。

第七十八条 行政机关违反本法第六十七条的规定自行收缴罚款的，财政部门违反本法第七十四条的规定向行政机关返还罚款、没收的违法所得或者拍卖款项的，由上级行政机关或者有关机关责令改正，对直接负责的主管人员和其他直接责任人员依法给予处分。

第七十九条 行政机关截留、私分或者变相私分罚款、没收的违法所得或者财物的，由财政部门或者有关机关予以追缴，对直接负责的主管人员和其他直接责任人员依法给予处分；情节严重构成犯罪的，依法追究刑事责任。

执法人员利用职务上的便利，索取或者收受他人财物、将收缴罚款据为己有，构成犯罪的，依法追究刑事责任；情节轻微不构成犯罪的，依法给予处分。

第八十条 行政机关使用或者损毁查封、扣押的财物，对当事人造成损失的，应当依法予以赔偿，对直接负责的主管人员和其他直接责任人员依法给予处分。

第八十一条 行政机关违法实施检查措施或者执行措施，给公民人身或者财产造成损害、给法人或者其他组织造成损失的，应当依法予以赔偿，对直接负责的主管人员和其他直接责任人员依法给予处分；情节严重构成犯罪的，依法追究刑事责任。

第八十二条 行政机关对应当依法移交司法机关追究刑事责任的案件不移交，以行政处罚代替刑事处罚，由上级行政机关或者有关机关责令改正，对直接负责的主管人员和其他直接责任人员依法给予处分；情节严重构成犯罪的，依法追究刑事责任。

第八十三条 行政机关对应当予以制止和处罚的违法行为不予制止、处罚，致使公民、法人或者其他组织的合法权益、公共利益和社会秩序遭受损害的，对直接负责的主管人员和其他直接责任人员依法给予处分；情节严重构成犯罪的，依法追究刑事责任。

第八章　附　　则

第八十四条　外国人、无国籍人、外国组织在中华人民共和国领域内有违法行为，应当给予行政处罚的，适用本法，法律另有规定的除外。

第八十五条　本法中"二日""三日""五日""七日"的规定是指工作日，不含法定节假日。

第八十六条　本法自 2021 年 7 月 15 日起施行。

保障中小企业款项支付条例

(2020年7月5日中华人民共和国国务院令第728号公布 2025年3月17日中华人民共和国国务院令第802号修订)

第一章 总 则

第一条 为了促进机关、事业单位和大型企业及时支付中小企业款项，维护中小企业合法权益，优化营商环境，根据《中华人民共和国中小企业促进法》等法律，制定本条例。

第二条 机关、事业单位和大型企业采购货物、工程、服务支付中小企业款项，应当遵守本条例。

第三条 本条例所称中小企业，是指在中华人民共和国境内依法设立，依据国务院批准的中小企业划分标准确定的中型企业、小型企业和微型企业；所称大型企业，是指中小企业以外的企业。

中小企业、大型企业依合同订立时的企业规模类型确定。中小企业与机关、事业单位、大型企业订立合同时，应当主动告知其属于中小企业。

第四条 保障中小企业款项支付工作，应当贯彻落实党和国家的路线方针政策、决策部署，坚持支付主体负责、行业规范自律、政府依法监管、社会协同监督的原则，依法防范和治理拖欠中小企业款项问题。

第五条 国务院负责中小企业促进工作综合管理的部门对保障中小企业款项支付工作进行综合协调、监督检查。国务院发展改革、财政、住房城乡建设、交通运输、水利、金融管理、国有资产监管、市场监督管理等有关部门应当按照职责分工，负责保障中小企业款项支付相关工作。

省、自治区、直辖市人民政府对本行政区域内保障中小企业款项支付工作负总责，加强组织领导、统筹协调，健全制度机制。县级以上地方人民政府负责本行政区域内保障中小企业款项支付的管理工作。

县级以上地方人民政府负责中小企业促进工作综合管理的部门和发展改革、财政、住房城乡建设、交通运输、水利、金融管理、国有资产监管、市场监督管理等有关部门应当按照职责分工，负责保障中小企业款项支付相关工作。

第六条 有关行业协会商会应当按照法律法规和组织章程，加强行业自律管理，规范引导本行业大型企业履行及时支付中小企业款项义务、不得利用优势地位拖欠中小企业款项，为中小企业提供信息咨询、权益保护、纠纷处理等方面的服务，保护中小企业合法权益。

鼓励大型企业公开承诺向中小企业采购货物、工程、服务的付款期限与方式。

第七条 机关、事业单位和大型企业不得要求中小企业接受不合理的付款期限、方式、条件和违约责任等交易条件，不得拖欠中小企业的货物、工程、服务款项。

中小企业应当依法经营，诚实守信，按照合同约定提供合格的货物、工程和服务。

第二章 款项支付规定

第八条 机关、事业单位使用财政资金从中小企业采购货物、工程、服务，应当严格按照批准的预算执行，不得无预算、超预算开展采购。

政府投资项目所需资金应当按照国家有关规定确保落实到位，不得由施工单位垫资建设。

第九条 机关、事业单位从中小企业采购货物、工程、服务，应当自货物、工程、服务交付之日起30日内支付款项；合同另有约定的，从其约定，但付款期限最长不得超过60日。

大型企业从中小企业采购货物、工程、服务，应当自货物、工程、服务交付之日起60日内支付款项；合同另有约定的，从其约定，但应当按照行业规范、交易习惯合理约定付款期限并及时支付款项，不得约定以收到第三方付款作为向中小企业支付款项的条件或者按照第三方付款进度比例支付中小企业款项。

法律、行政法规或者国家有关规定对本条第一款、第二款付款期限另有规定的，从其规定。

合同约定采取履行进度结算、定期结算等结算方式的，付款期限应当自双方确认结算金额之日起算。

第十条 机关、事业单位和大型企业与中小企业约定以货物、工程、服务交付后经检验或者验收合格作为支付中小企业款项条件的，付款期限应当自检验或者验收合格之日起算。

合同双方应当在合同中约定明确、合理的检验或者验收期限，并在该期限内完成检验或者验收，法律、行政法规或者国家有关规定对检验或者验收期限另有规定的，从其规定。机关、事业单位和大型企业拖延检验或者验收的，付款期限自约定的检验或者验收期限届满之日起算。

第十一条 机关、事业单位和大型企业使用商业汇票、应收账款电子凭证等非现金支付方式支付中小企业款项的，应当在合同中作出明确、合理约定，不得强制中小企业接受商业汇票、应收账款电子凭证等非现金支付方式，不得利用商业汇票、应收账款电子凭证等非现金支付方式变相延长付款期限。

第十二条　机关、事业单位和国有大型企业不得强制要求以审计机关的审计结果作为结算依据，法律、行政法规另有规定的除外。

第十三条　除依法设立的投标保证金、履约保证金、工程质量保证金、农民工工资保证金外，工程建设中不得以任何形式收取其他保证金。保证金的收取比例、方式应当符合法律、行政法规和国家有关规定。

机关、事业单位和大型企业不得将保证金限定为现金。中小企业以金融机构出具的保函等提供保证的，机关、事业单位和大型企业应当接受。

机关、事业单位和大型企业应当依法或者按照合同约定，在保证期限届满后及时与中小企业对收取的保证金进行核算并退还。

第十四条　机关、事业单位和大型企业不得以法定代表人或者主要负责人变更，履行内部付款流程，或者在合同未作约定的情况下以等待竣工验收备案、决算审计等为由，拒绝或者迟延支付中小企业款项。

第十五条　机关、事业单位和大型企业与中小企业的交易，部分存在争议但不影响其他部分履行的，对于无争议部分应当履行及时付款义务。

第十六条　鼓励、引导、支持商业银行等金融机构增加对中小企业的信贷投放，降低中小企业综合融资成本，为中小企业以应收账款、知识产权、政府采购合同、存货、机器设备等为担保品的融资提供便利。

中小企业以应收账款融资的，机关、事业单位和大型企业应当自中小企业提出确权请求之日起 30 日内确认债权债务关系，支持中小企业融资。

第十七条　机关、事业单位和大型企业迟延支付中小企业款项的，应当支付逾期利息。双方对逾期利息的利率有约定的，约定利率不得低于合同订立时1年期贷款市场报价利率；未作约定的，按照每日利率万分之五支付逾期利息。

第十八条　机关、事业单位应当于每年3月31日前将上一年度逾期尚未支付中小企业款项的合同数量、金额等信息通过网站、报刊等便于公众知晓的方式公开。

大型企业应当将逾期尚未支付中小企业款项的合同数量、金额等信息纳入企业年度报告，依法通过国家企业信用信息公示系统向社会公示。

第十九条　大型企业应当将保障中小企业款项支付工作情况，纳入企业风险控制与合规管理体系，并督促其全资或者控股子公司及时支付中小企业款项。

第二十条　机关、事业单位和大型企业及其工作人员不得以任何形式对提出付款请求或者投诉的中小企业及其工作人员进行恐吓、打击报复。

第三章　监督管理

第二十一条　县级以上人民政府及其有关部门通过监督检查、函询约谈、督办通报、投诉处理等措施，加大对机关、事业单位和大型企业拖欠中小企业款项的清理力度。

第二十二条　县级以上地方人民政府部门应当每年定期将上一年度逾期尚未支付中小企业款项情况按程序报告本级人民政府。事业单位、国有大型企业应当每年定期将上一年度逾期尚未支付中小企业款项情况按程序报其主管部门或者监管部门。

县级以上地方人民政府应当每年定期听取本行政区域内保障中小企业款项支付工作汇报，加强督促指导，研究解决突出问题。

第二十三条 省级以上人民政府建立督查制度，对保障中小企业款项支付工作进行监督检查，对政策落实不到位、工作推进不力的部门和地方人民政府主要负责人进行约谈。

县级以上人民政府负责中小企业促进工作综合管理的部门对拖欠中小企业款项的机关、事业单位和大型企业，可以进行函询约谈，对情节严重的，予以督办通报，必要时可以会同拖欠单位上级机关、行业主管部门、监管部门联合进行。

第二十四条 省级以上人民政府负责中小企业促进工作综合管理的部门（以下统称受理投诉部门）应当建立便利畅通的渠道，受理对机关、事业单位和大型企业拖欠中小企业款项的投诉。

国务院负责中小企业促进工作综合管理的部门建立国家统一的拖欠中小企业款项投诉平台，加强投诉处理机制建设，与相关部门、地方人民政府信息共享、协同配合。

第二十五条 受理投诉部门应当按照"属地管理、分级负责，谁主管谁负责、谁监管谁负责"的原则，自正式受理之日起10个工作日内，按程序将投诉转交有关部门或者地方人民政府指定的部门（以下统称处理投诉部门）处理。

处理投诉部门应当自收到投诉材料之日起30日内形成处理结果，以书面形式反馈投诉人，并反馈受理投诉部门。情况复杂或者有其他特殊原因的，经部门负责人批准，可适当延长，但处理期限最长不得超过90日。

被投诉人应当配合处理投诉部门工作。处理投诉部门应当督促被投诉人及时反馈情况。被投诉人未及时反馈或者未按规定反馈的，处理投诉部门应当向其发出督办书；收到督办书仍拒不配合的，处理投诉部门可以约谈、通报被投诉人，并责令整改。

投诉人应当与被投诉人存在合同关系，不得虚假、恶意投诉。

受理投诉部门和处理投诉部门的工作人员，对在履行职责中获悉的国家秘密、商业秘密和个人信息负有保密义务。

第二十六条 机关、事业单位和大型企业拖欠中小企业款项依法依规被认定为失信的，受理投诉部门和有关部门按程序将有关失信情况记入相关主体信用记录。情节严重或者造成严重不良社会影响的，将相关信息纳入全国信用信息共享平台和国家企业信用信息公示系统，向社会公示；对机关、事业单位在公务消费、办公用房、经费安排等方面采取必要的限制措施，对大型企业在财政资金支持、投资项目审批、融资获取、市场准入、资质评定、评优评先等方面依法依规予以限制。

第二十七条 审计机关依法对机关、事业单位和国有大型企业支付中小企业款项情况实施审计监督。

第二十八条 国家依法开展中小企业发展环境评估和营商环境评价时，应当将保障中小企业款项支付工作情况纳入评估和评价内容。

第二十九条 国务院负责中小企业促进工作综合管理的部门依据国务院批准的中小企业划分标准，建立企业规模类型测试平台，提供中小企业规模类型自测服务。

对中小企业规模类型有争议的，可以向主张为中小企业一方所在地的县级以上地方人民政府负责中小企业促进工作综合管理的部门申请认定。人力资源社会保障、市场监督管理、统计等相关部门应当应认定部门的请求，提供必要的协助。

第三十条 国家鼓励法律服务机构为与机关、事业单位和大型企业存在支付纠纷的中小企业提供公益法律服务。

新闻媒体应当开展对保障中小企业款项支付相关法律法规政策的公益宣传，依法加强对机关、事业单位和大型企业拖欠中小企业款项行为的舆论监督。

第四章 法　律　责　任

第三十一条 机关、事业单位违反本条例，有下列情形之一的，由其上级机关、主管部门责令改正；拒不改正的，对负有责任的领导人员和直接责任人员依法给予处分：

（一）未在规定的期限内支付中小企业货物、工程、服务款项；

（二）拖延检验、验收；

（三）强制中小企业接受商业汇票、应收账款电子凭证等非现金支付方式，或者利用商业汇票、应收账款电子凭证等非现金支付方式变相延长付款期限；

（四）没有法律、行政法规依据，要求以审计机关的审计结果作为结算依据；

（五）违法收取保证金，拒绝接受中小企业以金融机构出具的保函等提供保证，或者不及时与中小企业对保证金进行核算并退还；

（六）以法定代表人或者主要负责人变更、履行内部付款流程，或者在合同未作约定的情况下以等待竣工验收备案、决算审计等为由，拒绝或者迟延支付中小企业款项；

（七）未按照规定公开逾期尚未支付中小企业款项信息。

第三十二条 机关、事业单位有下列情形之一的，依法追究责任：

（一）使用财政资金从中小企业采购货物、工程、服务，未按照批准的预算执行；

（二）要求施工单位对政府投资项目垫资建设。

第三十三条 国有大型企业拖欠中小企业款项，造成不良后果或者影响的，对负有责任的国有企业管理人员依法给予处分。

国有大型企业没有法律、行政法规依据，要求以审计机关的审计结果作为结算依据的,由其监管部门责令改正;拒不改正的,对负有责任的国有企业管理人员依法给予处分。

第三十四条 大型企业违反本条例,未按照规定在企业年度报告中公示逾期尚未支付中小企业款项信息或者隐瞒真实情况、弄虚作假的,由市场监督管理部门依法处理。

第三十五条 机关、事业单位和大型企业及其工作人员对提出付款请求或者投诉的中小企业及其工作人员进行恐吓、打击报复,或者有其他滥用职权、玩忽职守、徇私舞弊行为的,对负有责任的领导人员和直接责任人员依法给予处分或者处罚;构成犯罪的,依法追究刑事责任。

第五章 附 则

第三十六条 部分或者全部使用财政资金的团体组织采购货物、工程、服务支付中小企业款项,参照本条例对机关、事业单位的有关规定执行。

军队采购货物、工程、服务支付中小企业款项,按照军队的有关规定执行。

第三十七条 本条例自 2025 年 6 月 1 日起施行。

最高人民法院关于适用《中华人民共和国反不正当竞争法》若干问题的解释

（2022 年 1 月 29 日最高人民法院审判委员会第 1862 次会议通过　2022 年 3 月 16 日最高人民法院公告公布　自 2022 年 3 月 20 日起施行　法释〔2022〕9 号）

为正确审理因不正当竞争行为引发的民事案件，根据《中华人民共和国民法典》《中华人民共和国反不正当竞争法》《中华人民共和国民事诉讼法》等有关法律规定，结合审判实践，制定本解释。

第一条　经营者扰乱市场竞争秩序，损害其他经营者或者消费者合法权益，且属于违反反不正当竞争法第二章及专利法、商标法、著作权法等规定之外情形的，人民法院可以适用反不正当竞争法第二条予以认定。

第二条　与经营者在生产经营活动中存在可能的争夺交易机会、损害竞争优势等关系的市场主体，人民法院可以认定为反不正当竞争法第二条规定的"其他经营者"。

第三条　特定商业领域普遍遵循和认可的行为规范，人民法院可以认定为反不正当竞争法第二条规定的"商业道德"。

人民法院应当结合案件具体情况，综合考虑行业规则或者商业惯例、经营者的主观状态、交易相对人的选择意愿、对消费者权益、市场竞争秩序、社会公共利益的影响等因素，依法判断经营者是否违反商业道德。

人民法院认定经营者是否违反商业道德时，可以参考行业主管部门、行业协会或者自律组织制定的从业规范、技术规范、自律公约等。

第四条 具有一定的市场知名度并具有区别商品来源的显著特征的标识,人民法院可以认定为反不正当竞争法第六条规定的"有一定影响的"标识。

人民法院认定反不正当竞争法第六条规定的标识是否具有一定的市场知名度,应当综合考虑中国境内相关公众的知悉程度,商品销售的时间、区域、数额和对象,宣传的持续时间、程度和地域范围,标识受保护的情况等因素。

第五条 反不正当竞争法第六条规定的标识有下列情形之一的,人民法院应当认定其不具有区别商品来源的显著特征:

(一)商品的通用名称、图形、型号;

(二)仅直接表示商品的质量、主要原料、功能、用途、重量、数量及其他特点的标识;

(三)仅由商品自身的性质产生的形状,为获得技术效果而需有的商品形状以及使商品具有实质性价值的形状;

(四)其他缺乏显著特征的标识。

前款第一项、第二项、第四项规定的标识经过使用取得显著特征,并具有一定的市场知名度,当事人请求依据反不正当竞争法第六条规定予以保护的,人民法院应予支持。

第六条 因客观描述、说明商品而正当使用下列标识,当事人主张属于反不正当竞争法第六条规定的情形的,人民法院不予支持:

(一)含有本商品的通用名称、图形、型号;

(二)直接表示商品的质量、主要原料、功能、用途、重量、数量以及其他特点;

(三)含有地名。

第七条 反不正当竞争法第六条规定的标识或者其显著识别部分属于商标法第十条第一款规定的不得作为商标使用的标志,当事人请求依据反不正当竞争法第六条规定予以保护的,人民法院不予支持。

第八条　由经营者营业场所的装饰、营业用具的式样、营业人员的服饰等构成的具有独特风格的整体营业形象，人民法院可以认定为反不正当竞争法第六条第一项规定的"装潢"。

第九条　市场主体登记管理部门依法登记的企业名称，以及在中国境内进行商业使用的境外企业名称，人民法院可以认定为反不正当竞争法第六条第二项规定的"企业名称"。

有一定影响的个体工商户、农民专业合作社（联合社）以及法律、行政法规规定的其他市场主体的名称（包括简称、字号等），人民法院可以依照反不正当竞争法第六条第二项予以认定。

第十条　在中国境内将有一定影响的标识用于商品、商品包装或者容器以及商品交易文书上，或者广告宣传、展览以及其他商业活动中，用于识别商品来源的行为，人民法院可以认定为反不正当竞争法第六条规定的"使用"。

第十一条　经营者擅自使用与他人有一定影响的企业名称（包括简称、字号等）、社会组织名称（包括简称等）、姓名（包括笔名、艺名、译名等）、域名主体部分、网站名称、网页等近似的标识，引人误认为是他人商品或者与他人存在特定联系，当事人主张属于反不正当竞争法第六条第二项、第三项规定的情形的，人民法院应予支持。

第十二条　人民法院认定与反不正当竞争法第六条规定的"有一定影响的"标识相同或者近似，可以参照商标相同或者近似的判断原则和方法。

反不正当竞争法第六条规定的"引人误认为是他人商品或者与他人存在特定联系"，包括误认为与他人具有商业联合、许可使用、商业冠名、广告代言等特定联系。

在相同商品上使用相同或者视觉上基本无差别的商品名称、包装、装潢等标识，应当视为足以造成与他人有一定影响的标识相混淆。

第十三条　经营者实施下列混淆行为之一，足以引人误认为是他人商品或者与他人存在特定联系的，人民法院可以依照反不正当竞争法第六条第四项予以认定：

（一）擅自使用反不正当竞争法第六条第一项、第二项、第三项规定以外"有一定影响的"标识；

（二）将他人注册商标、未注册的驰名商标作为企业名称中的字号使用，误导公众。

第十四条　经营者销售带有违反反不正当竞争法第六条规定的标识的商品，引人误认为是他人商品或者与他人存在特定联系，当事人主张构成反不正当竞争法第六条规定的情形的，人民法院应予支持。

销售不知道是前款规定的侵权商品，能证明该商品是自己合法取得并说明提供者，经营者主张不承担赔偿责任的，人民法院应予支持。

第十五条　故意为他人实施混淆行为提供仓储、运输、邮寄、印制、隐匿、经营场所等便利条件，当事人请求依据民法典第一千一百六十九条第一款予以认定的，人民法院应予支持。

第十六条　经营者在商业宣传过程中，提供不真实的商品相关信息，欺骗、误导相关公众的，人民法院应当认定为反不正当竞争法第八条第一款规定的虚假的商业宣传。

第十七条　经营者具有下列行为之一，欺骗、误导相关公众的，人民法院可以认定为反不正当竞争法第八条第一款规定的"引人误解的商业宣传"：

（一）对商品作片面的宣传或者对比；

（二）将科学上未定论的观点、现象等当作定论的事实用于商品宣传；

（三）使用歧义性语言进行商业宣传；

（四）其他足以引人误解的商业宣传行为。

人民法院应当根据日常生活经验、相关公众一般注意力、发生误解的事实和被宣传对象的实际情况等因素，对引人误解的商业宣传行为进行认定。

第十八条 当事人主张经营者违反反不正当竞争法第八条第一款的规定并请求赔偿损失的，应当举证证明其因虚假或者引人误解的商业宣传行为受到损失。

第十九条 当事人主张经营者实施了反不正当竞争法第十一条规定的商业诋毁行为的，应当举证证明其为该商业诋毁行为的特定损害对象。

第二十条 经营者传播他人编造的虚假信息或者误导性信息，损害竞争对手的商业信誉、商品声誉的，人民法院应当依照反不正当竞争法第十一条予以认定。

第二十一条 未经其他经营者和用户同意而直接发生的目标跳转，人民法院应当认定为反不正当竞争法第十二条第二款第一项规定的"强制进行目标跳转"。

仅插入链接，目标跳转由用户触发的，人民法院应当综合考虑插入链接的具体方式、是否具有合理理由以及对用户利益和其他经营者利益的影响等因素，认定该行为是否违反反不正当竞争法第十二条第二款第一项的规定。

第二十二条 经营者事前未明确提示并经用户同意，以误导、欺骗、强迫用户修改、关闭、卸载等方式，恶意干扰或者破坏其他经营者合法提供的网络产品或者服务，人民法院应当依照反不正当竞争法第十二条第二款第二项予以认定。

第二十三条 对于反不正当竞争法第二条、第八条、第十一条、第十二条规定的不正当竞争行为，权利人因被侵权所受到的实际损失、侵权人因侵权所获得的利益难以确定，当事人主张依据反不正当竞争法第十七条第四款确定赔偿数额的，人民法院应予支持。

第二十四条 对于同一侵权人针对同一主体在同一时间和地域范围实施的侵权行为，人民法院已经认定侵害著作权、专利权或者注册商标专用权等并判令承担民事责任，当事人又以该行为构成不正当竞争为由请求同一侵权人承担民事责任的，人民法院不予支持。

第二十五条 依据反不正当竞争法第六条的规定，当事人主张判令被告停止使用或者变更其企业名称的诉讼请求依法应予支持的，人民法院应当判令停止使用该企业名称。

第二十六条 因不正当竞争行为提起的民事诉讼，由侵权行为地或者被告住所地人民法院管辖。

当事人主张仅以网络购买者可以任意选择的收货地作为侵权行为地的，人民法院不予支持。

第二十七条 被诉不正当竞争行为发生在中华人民共和国领域外，但侵权结果发生在中华人民共和国领域内，当事人主张由该侵权结果发生地人民法院管辖的，人民法院应予支持。

第二十八条 反不正当竞争法修改决定施行以后人民法院受理的不正当竞争民事案件，涉及该决定施行前发生的行为的，适用修改前的反不正当竞争法；涉及该决定施行前发生、持续到该决定施行以后的行为的，适用修改后的反不正当竞争法。

第二十九条 本解释自 2022 年 3 月 20 日起施行。《最高人民法院关于审理不正当竞争民事案件应用法律若干问题的解释》（法释〔2007〕2 号）同时废止。

本解释施行以后尚未终审的案件，适用本解释；施行以前已经终审的案件，不适用本解释再审。

最高人民法院关于审理侵犯商业秘密民事案件适用法律若干问题的规定

（2020年8月24日最高人民法院审判委员会第1810次会议通过 2020年9月10日最高人民法院公告公布 自2020年9月12日起施行 法释〔2020〕7号）

为正确审理侵犯商业秘密民事案件，根据《中华人民共和国反不正当竞争法》《中华人民共和国民事诉讼法》等有关法律规定，结合审判实际，制定本规定。

第一条 与技术有关的结构、原料、组分、配方、材料、样品、样式、植物新品种繁殖材料、工艺、方法或其步骤、算法、数据、计算机程序及其有关文档等信息，人民法院可以认定构成反不正当竞争法第九条第四款所称的技术信息。

与经营活动有关的创意、管理、销售、财务、计划、样本、招投标材料、客户信息、数据等信息，人民法院可以认定构成反不正当竞争法第九条第四款所称的经营信息。

前款所称的客户信息，包括客户的名称、地址、联系方式以及交易习惯、意向、内容等信息。

第二条 当事人仅以与特定客户保持长期稳定交易关系为由，主张该特定客户属于商业秘密的，人民法院不予支持。

客户基于对员工个人的信赖而与该员工所在单位进行交易，该员工离职后，能够证明客户自愿选择与该员工或者该员工所在的新单位进行交易的，人民法院应当认定该员工没有采用不正当手段获取权利人的商业秘密。

第三条 权利人请求保护的信息在被诉侵权行为发生时不为所属领域的相关人员普遍知悉和容易获得的,人民法院应当认定为反不正当竞争法第九条第四款所称的不为公众所知悉。

第四条 具有下列情形之一的,人民法院可以认定有关信息为公众所知悉:

(一)该信息在所属领域属于一般常识或者行业惯例的;

(二)该信息仅涉及产品的尺寸、结构、材料、部件的简单组合等内容,所属领域的相关人员通过观察上市产品即可直接获得的;

(三)该信息已经在公开出版物或者其他媒体上公开披露的;

(四)该信息已通过公开的报告会、展览等方式公开的;

(五)所属领域的相关人员从其他公开渠道可以获得该信息的。

将为公众所知悉的信息进行整理、改进、加工后形成的新信息,符合本规定第三条规定的,应当认定该新信息不为公众所知悉。

第五条 权利人为防止商业秘密泄露,在被诉侵权行为发生以前所采取的合理保密措施,人民法院应当认定为反不正当竞争法第九条第四款所称的相应保密措施。

人民法院应当根据商业秘密及其载体的性质、商业秘密的商业价值、保密措施的可识别程度、保密措施与商业秘密的对应程度以及权利人的保密意愿等因素,认定权利人是否采取了相应保密措施。

第六条 具有下列情形之一,在正常情况下足以防止商业秘密泄露的,人民法院应当认定权利人采取了相应保密措施:

(一)签订保密协议或者在合同中约定保密义务的;

(二)通过章程、培训、规章制度、书面告知等方式,对能够接触、获取商业秘密的员工、前员工、供应商、客户、来访者等提出保密要求的;

(三)对涉密的厂房、车间等生产经营场所限制来访者或者进行区分管理的；

（四）以标记、分类、隔离、加密、封存、限制能够接触或者获取的人员范围等方式，对商业秘密及其载体进行区分和管理的；

（五）对能够接触、获取商业秘密的计算机设备、电子设备、网络设备、存储设备、软件等，采取禁止或者限制使用、访问、存储、复制等措施的；

（六）要求离职员工登记、返还、清除、销毁其接触或者获取的商业秘密及其载体，继续承担保密义务的；

（七）采取其他合理保密措施的。

第七条 权利人请求保护的信息因不为公众所知悉而具有现实的或者潜在的商业价值的，人民法院经审查可以认定为反不正当竞争法第九条第四款所称的具有商业价值。

生产经营活动中形成的阶段性成果符合前款规定的，人民法院经审查可以认定该成果具有商业价值。

第八条 被诉侵权人以违反法律规定或者公认的商业道德的方式获取权利人的商业秘密的，人民法院应当认定属于反不正当竞争法第九条第一款所称的以其他不正当手段获取权利人的商业秘密。

第九条 被诉侵权人在生产经营活动中直接使用商业秘密，或者对商业秘密进行修改、改进后使用，或者根据商业秘密调整、优化、改进有关生产经营活动的，人民法院应当认定属于反不正当竞争法第九条所称的使用商业秘密。

第十条 当事人根据法律规定或者合同约定所承担的保密义务，人民法院应当认定属于反不正当竞争法第九条第一款所称的保密义务。

当事人未在合同中约定保密义务，但根据诚信原则以及合同的性质、目的、缔约过程、交易习惯等，被诉侵权人知道或者应当知道其获取的信息属于权利人的商业秘密的，人民法院应当认定被诉侵权人对其获取的商业秘密承担保密义务。

第十一条 法人、非法人组织的经营、管理人员以及具有劳动关系的其他人员，人民法院可以认定为反不正当竞争法第九条第三款所称的员工、前员工。

第十二条 人民法院认定员工、前员工是否有渠道或者机会获取权利人的商业秘密，可以考虑与其有关的下列因素：

（一）职务、职责、权限；

（二）承担的本职工作或者单位分配的任务；

（三）参与和商业秘密有关的生产经营活动的具体情形；

（四）是否保管、使用、存储、复制、控制或者以其他方式接触、获取商业秘密及其载体；

（五）需要考虑的其他因素。

第十三条 被诉侵权信息与商业秘密不存在实质性区别的，人民法院可以认定被诉侵权信息与商业秘密构成反不正当竞争法第三十二条第二款所称的实质上相同。

人民法院认定是否构成前款所称的实质上相同，可以考虑下列因素：

（一）被诉侵权信息与商业秘密的异同程度；

（二）所属领域的相关人员在被诉侵权行为发生时是否容易想到被诉侵权信息与商业秘密的区别；

（三）被诉侵权信息与商业秘密的用途、使用方式、目的、效果等是否具有实质性差异；

（四）公有领域中与商业秘密相关信息的情况；

（五）需要考虑的其他因素。

第十四条 通过自行开发研制或者反向工程获得被诉侵权信息的，人民法院应当认定不属于反不正当竞争法第九条规定的侵犯商业秘密行为。

前款所称的反向工程，是指通过技术手段对从公开渠道取得的产品进行拆卸、测绘、分析等而获得该产品的有关技术信息。

被诉侵权人以不正当手段获取权利人的商业秘密后，又以反向工程为由主张未侵犯商业秘密的，人民法院不予支持。

第十五条 被申请人试图或者已经以不正当手段获取、披露、使用或者允许他人使用权利人所主张的商业秘密，不采取行为保全措施会使判决难以执行或者造成当事人其他损害，或者将会使权利人的合法权益受到难以弥补的损害的，人民法院可以依法裁定采取行为保全措施。

前款规定的情形属于民事诉讼法第一百条、第一百零一条所称情况紧急的，人民法院应当在四十八小时内作出裁定。

第十六条 经营者以外的其他自然人、法人和非法人组织侵犯商业秘密，权利人依据反不正当竞争法第十七条的规定主张侵权人应当承担的民事责任的，人民法院应予支持。

第十七条 人民法院对于侵犯商业秘密行为判决停止侵害的民事责任时，停止侵害的时间一般应当持续到该商业秘密已为公众所知悉时为止。

依照前款规定判决停止侵害的时间明显不合理的，人民法院可以在依法保护权利人的商业秘密竞争优势的情况下，判决侵权人在一定期限或者范围内停止使用该商业秘密。

第十八条 权利人请求判决侵权人返还或者销毁商业秘密载体，清除其控制的商业秘密信息的，人民法院一般应予支持。

第十九条 因侵权行为导致商业秘密为公众所知悉的，人民法院依法确定赔偿数额时，可以考虑商业秘密的商业价值。

人民法院认定前款所称的商业价值，应当考虑研究开发成本、实施该项商业秘密的收益、可得利益、可保持竞争优势的时间等因素。

第二十条 权利人请求参照商业秘密许可使用费确定因被侵权所受到的实际损失的，人民法院可以根据许可的性质、内容、实际履行情况以及侵权行为的性质、情节、后果等因素确定。

人民法院依照反不正当竞争法第十七条第四款确定赔偿数额的,可以考虑商业秘密的性质、商业价值、研究开发成本、创新程度、能带来的竞争优势以及侵权人的主观过错、侵权行为的性质、情节、后果等因素。

第二十一条 对于涉及当事人或者案外人的商业秘密的证据、材料,当事人或者案外人书面申请人民法院采取保密措施的,人民法院应当在保全、证据交换、质证、委托鉴定、询问、庭审等诉讼活动中采取必要的保密措施。

违反前款所称的保密措施的要求,擅自披露商业秘密或者在诉讼活动之外使用或者允许他人使用在诉讼中接触、获取的商业秘密的,应当依法承担民事责任。构成民事诉讼法第一百一十一条规定情形的,人民法院可以依法采取强制措施。构成犯罪的,依法追究刑事责任。

第二十二条 人民法院审理侵犯商业秘密民事案件时,对在侵犯商业秘密犯罪刑事诉讼程序中形成的证据,应当按照法定程序,全面、客观地审查。

由公安机关、检察机关或者人民法院保存的与被诉侵权行为具有关联性的证据,侵犯商业秘密民事案件的当事人及其诉讼代理人因客观原因不能自行收集,申请调查收集的,人民法院应当准许,但可能影响正在进行的刑事诉讼程序的除外。

第二十三条 当事人主张依据生效刑事裁判认定的实际损失或者违法所得确定涉及同一侵犯商业秘密行为的民事案件赔偿数额的,人民法院应予支持。

第二十四条 权利人已经提供侵权人因侵权所获得的利益的初步证据,但与侵犯商业秘密行为相关的账簿、资料由侵权人掌握的,人民法院可以根据权利人的申请,责令侵权人提供该账簿、资料。侵权人无正当理由拒不提供或者不如实提供的,人民法院可以根据权利人的主张和提供的证据认定侵权人因侵权所获得的利益。

第二十五条 当事人以涉及同一被诉侵犯商业秘密行为的刑事案件尚未审结为由，请求中止审理侵犯商业秘密民事案件，人民法院在听取当事人意见后认为必须以该刑事案件的审理结果为依据的，应予支持。

第二十六条 对于侵犯商业秘密行为，商业秘密独占使用许可合同的被许可人提起诉讼的，人民法院应当依法受理。

排他使用许可合同的被许可人和权利人共同提起诉讼，或者在权利人不起诉的情况下自行提起诉讼的，人民法院应当依法受理。

普通使用许可合同的被许可人和权利人共同提起诉讼，或者经权利人书面授权单独提起诉讼的，人民法院应当依法受理。

第二十七条 权利人应当在一审法庭辩论结束前明确所主张的商业秘密具体内容。仅能明确部分的，人民法院对该明确的部分进行审理。

权利人在第二审程序中另行主张其在一审中未明确的商业秘密具体内容的，第二审人民法院可以根据当事人自愿的原则就与该商业秘密具体内容有关的诉讼请求进行调解；调解不成的，告知当事人另行起诉。双方当事人均同意由第二审人民法院一并审理的，第二审人民法院可以一并裁判。

第二十八条 人民法院审理侵犯商业秘密民事案件，适用被诉侵权行为发生时的法律。被诉侵权行为在法律修改之前已经发生且持续到法律修改之后的，适用修改后的法律。

第二十九条 本规定自 2020 年 9 月 12 日起施行。最高人民法院以前发布的相关司法解释与本规定不一致的，以本规定为准。

本规定施行后，人民法院正在审理的一审、二审案件适用本规定；施行前已经作出生效裁判的案件，不适用本规定再审。

图书在版编目（CIP）数据

中华人民共和国反不正当竞争法学习问答／法规应用研究中心编著. -- 北京：中国法治出版社，2025.7.
ISBN 978-7-5216-5451-6

Ⅰ.D922.294.4

中国国家版本馆CIP数据核字第2025F5L632号

责任编辑：谢 雯　　　　　　　　　　　　封面设计：李 宁

中华人民共和国反不正当竞争法学习问答
ZHONGHUA RENMIN GONGHEGUO FANBUZHENGDANG JINGZHENGFA XUEXI WENDA

编著/法规应用研究中心
经销/新华书店
印刷/三河市紫恒印装有限公司

开本/880毫米×1230毫米 32开	印张/5.75 字数/105千
版次/2025年7月第1版	2025年7月第1次印刷

中国法治出版社出版

书号 ISBN 978-7-5216-5451-6　　　　　　　定价：20.00元

北京市西城区西便门西里甲16号西便门办公区
邮政编码：100053　　　　　　　　　传真：010-63141600
网址：http：//www.zgfzs.com　　　编辑部电话：010-63141793
市场营销部电话：010-63141612　　印务部电话：010-63141606

（如有印装质量问题，请与本社印务部联系。）